# いかなる人々が逮捕され、裁かれたか

東京の市ヶ谷台にあった旧陸軍士官学校（現防衛省）の大講堂を法廷にして行われた東京裁判。正式名称は極東国際軍事裁判という。日本との戦争に勝利した米英中をはじめとする連合国が、昭和３年（１９２８）以降の満州事変、日中戦争、太平洋戦争にいたる15年戦争を推進した、日本の政治・軍事指導者の戦争責任を裁いたこの裁判は、ナチスを裁いたニュルンベルク裁判とともに「世紀の裁判」といわれている。

戦勝11か国で構成された国際検察局は、この裁判のために１００名を超える「A級戦犯」容疑者を逮捕・拘留した。そして、そのなかから戦時中の首相だった東条英機陸軍大将をはじめとする28名のA級戦犯を訴追し、軍事法廷で裁いた。その結果は、絞首刑７名、有期刑18名だった。残る３名は病死や精神異常での免訴だった。

被告たちは「通例の戦争犯罪」のほかに、戦勝国がニュルンベルク裁判から新たに加えた「平和に対する罪」と「人道に対する罪」が適用されて裁かれた。これら２つの〝犯罪〟は、連合国が日本に降伏を促したポツダム宣言発出後の１９４５年８月８日に制定したものだった。

東京裁判開始の冒頭、弁護団副団長の清瀬一郎弁護人は、この裁判は罪刑法定主義（法律がなければ犯罪はなし）と法律不遡及の原則に違反しているから、連合国には「平和に対する罪」と「人道に対する罪」で被告たちを裁く権限はないと強硬に主張したのはもっともなことだった。これらの「罪」に対しては、現在でも国際法の専門家の間で論議されており、明確に「違法」を主張している法律家も少なくない。

また、裁判官と検事がすべて戦勝国から派遣された人たちで構成され、中立国出身者が1人もいなかったことも、裁判の公正・中立性が疑われているゆえんである。

こうした基本的な問題以外にも、東京裁判にはさまざまな問題点が多い。しかし、ニュルンベルク裁判がナチス・ドイツによるユダヤ人虐殺の全貌を明るみに出したように、東京裁判もまた歴史への貢献を多く残している。国民は「満州某重大事件」としか知らされていなかったものが、実は関東軍（満州駐屯の日本軍）の謀略による「張作霖爆殺事件」であったことを裁判で知った。満州事変の発端とされていた奉天《ほうてん》（現・瀋《しん》陽《よう》）郊外柳条湖における満鉄線の爆破事件も、中国軍の仕業ではなく、関東軍司令部参謀たちの自作自演のヤラセ事件だったこともわかった。また、日本の外交暗号がことごとくアメリカに解読されていたことや、アメリカへの最後通告の手交が遅れたのは、在米日本大使館の時局認識の甘さに起因したことも裁判が明らかにした。

東京裁判で死刑を宣告された7名が刑を執行されてから、もう70年近くが経つ。しかし東京裁判が提起し、そして明るみに出してくれた歴史の証言は、近現代史を知る上で欠かすことはできなくなっている。

本書のテーマは、裁判の正義、不正義を論ずるものではない。この裁判には１００名を超えるA級戦犯容疑者の他、実に多くの人たちが登場している。それらの人たちはどんな人たちで、そしていかなる関わりで登場したのか、それを紹介するのがテーマである。そして、それらの人たちが、戦後の日本をどう生きたかを読者の皆さん自身に検証していただきたいと思っている。

太平洋戦争研究会・平塚柾緒

# 第3章 A級戦犯28被告の横顔

## 第6章 全員有罪、絞首刑7名の判決



本書は２００７年３月に小社で刊行した『秘録 東京裁判の１００人』に大幅な加筆・修正をしたものです。

東京裁判の法廷になった東京・市ヶ谷の旧陸軍士官学校大講堂

# 第1章

## A級戦犯とは何か

事後法であるとして現在でもその違法性が論議されている「平和に対する罪」と「人道に対する罪」。この2つの罪は、1945年8月8日に米・英・仏・ソが締結した「ロンドン協定」によって、戦争犯罪の概念として新たにつけ加えられたものである。

そして、この協定をもとに100名を超える軍人や政治家らが「A級戦犯容疑者」として逮捕され、連合国による被告絞り込み作業の結果、28人が起訴されることとなった。

こうして東京・市ヶ谷台にあった旧陸軍士官学校（現・防衛省）の大講堂を法廷に、極東国際軍事裁判（東京裁判）は開かれたのである。

では一体、連合国側はどのような人を“戦犯容疑者”とし、そしてどうやってA級戦犯を選定していったのだろうか?

その過程を見ていきたい。

# 戦勝国はいかなる法律で日本の指導者を戦犯にしたのか

## 「共同謀議罪」を導入して「平和に対する罪」の成立を狙った連合国

### 戦勝国が用意していた戦犯裁判規定

日本を占領統治するために、連合国軍最高司令官ダグラス・マッカーサー米陸軍元帥が神奈川県厚木の海軍飛行場に降り立ったのは、昭和20年（1945）8月30日だった。その前日の8月29日、アメリカ政府はマッカーサーに暫定的な「日本降伏後初期の対日政策」を無線で指令している。その指令書には次のような1項があった。

「連合国の捕虜その他の国民を虐待したことにより告発された者を含めて、戦争犯罪人として最高司令官または適当な連合国機関によって告発された者は逮捕され、裁判され、もし

米戦艦「ミズーリ」甲板での日本と連合国の降伏調印式に訪れた日本代表団。日本国代表は重光葵外相（前列左）、日本軍代表は梅津美治郎参謀総長（同右）。やがて2人はA級戦犯として逮捕される

有罪の判決があったときは処罰される」

アメリカ政府がマッカーサーに指令した戦争犯罪人に対する逮捕・訴追命令の根拠にしたのは、日本が降伏する直前の8月8日に米英仏ソの4か国が締結した「欧州枢軸諸国の重要戦争犯罪人の訴追及び処罰に関する協定」、一般にロンドン協定と呼ばれる条約とポツダム宣言である。

ちなみに日本が降伏するために受諾したポツダム宣言第10項のなかには、「我らの俘虜《ふりょ》（捕虜）を虐待した者を含む一切の戦争犯罪人に対しては厳重な処罰が加えられるであろう」という一文がある。

4か国が締結したロンドン協定には、捕虜虐待などの「通例の戦争犯罪」のほかに、侵略戦争を計画、実行した者をも犯罪者として裁ける「平和に対する罪」と、占領地の一般住民に対する虐待、虐殺などの非人道的行為をした者を裁く「人道に対する罪」の2つが、戦争犯罪の概念として新たに加えられている。いわゆる「事後法」であるとして現在でもその違法性が論議されている罪状である。対象となる行為をしたときに、その行為が犯罪とされていなかった場合、事後につくった法律（事後法）で処罰することは本来、禁じられているからだ。

さらに協定には、これらの戦犯を裁くための国際軍事裁判所条例（憲章）が付属している。ドイツで行わ

厚木飛行場に降り立ったマッカーサー元帥

れたニュルンベルク裁判も、そして東京の極東国際軍事裁判（東京裁判）も、このロンドン協定に基づいて開設されたのである。そして２つの裁判とも、前記した事後法が適用され、裁かれた。

## A級戦犯とBC級戦犯の区別は？

ニュルンベルク裁判と東京裁判の被告たちは、いずれも国家の中枢にいて政治や軍事を動かしてきた人たちで、いずれも「通例の戦争犯罪」（交戦法違反など）に加えて、ロンドン協定にもられた「平和に対する罪」と「人道に対する罪」で訴追された。これらの容疑で逮捕・訴追された人たちは、その他の戦犯容疑者と区別するために「Ａ級戦争犯罪人容疑者」と呼ばれた。

その他の戦犯容疑者――「通例の戦争犯罪」容疑だけで逮捕された人たちは「ＢＣ級戦争犯罪人容疑者」と呼ばれた。国際軍事裁判所条例では「通例の戦争犯罪」を行った者はＢ級、「人道に対する罪」を犯した者はＣ級と区別されていたが、実際は殺人や虐待などの残虐行為を命令する立場にいた各級指揮官などをＢ級、それらの犯罪の実行者をＣ級としていたともいう。

しかし、現実にはＢ級とＣ級の区別は難しく、日本軍将兵を裁いた戦勝７か国（アメリカ・イギリス・オーストラリア・オランダ・フランス・中国・フィリピン）が主宰した49の軍事法廷では、「ＢＣ級戦争犯罪人」として一括処理された。ちなみに戦勝７か国に起訴された日本軍将兵は合計５６４４名で、このうち死刑が９３４名、終身・有期刑が３４１３名、無罪１０１８名、その他279名という数字が残されている。

## 「平和に対する罪」で十把一絡、起訴に便利な「共同謀議罪」

事後法とともに問題にされたのが、ロンドン協定で採択された「共同謀議罪」である。

連合国は1943年10月、枢軸国の戦争指導者を処罰するためにロンドンに連合国戦争犯罪委員会（UNWCC）を設置し、翌44年から活動を始めていた。そして前記したように45年にロンドン協定を締結するのだが、当初、イギリスは枢軸国の指導者を処罰するのに裁判方式をとることに強く反対していた。

その理由は、国際軍事裁判によって裁くことは法律問題が煩雑な上に、時間がかかり、また具体的犯罪行為を個々に立証することは困難であるため、即決処刑を主張した。しかし、ソ連は即決処刑には反対で、アメリカは裁判方式を強く主張していた。

ここでアメリカのスチムソン陸軍長官などから提案されたのが「共同謀議罪」の導入だった。「共同謀議」とは英米法特有の法概念で、アメリカのコンスピラシー（Conspiracy=陰謀）などがその例である。

2人以上の人間が、なんらかの犯罪の実行に合意し、そのうちの最低1人がなんらかの行動を起こせば、計画に合意した全員が処罰の対象となる法律である。自民党など日本政府の与党が、

東京裁判の被告席に居並ぶＡ級戦犯たち

２００６年に国会に提出した「共謀罪」なども、同じ発想から出ている。

スチムソンら当時の連合国首脳は、この「共同謀議罪」を適用して、満州事変後の日本の軍事行動にかかわった軍人や政治家らを「平和に対する罪」で十把《じっぱ》一絡《ひとからげ》にしようとしたのである。立教大学教授で東京裁判研究の第一人者である粟屋憲太郎氏の表現を借りれば、「一網打尽的な性格をもつもの」（『東京裁判への道』講談社選書メチエ）だ。

すなわち、イギリスが懸念しているような個々の犯罪行為の立証は必ずしも必要なく、犯罪全体の計画になんらかの関与があればそれで容疑は十分だという、きわめておおざっぱな論理である。

ともあれ東京裁判では１００名を超える「Ａ級戦犯容疑者」が逮捕され、そのなか

ニュルンベルク裁判の被告席で判決に聞き入るナチ政権の幹部と軍の指導者たち

ら28名がA級戦犯に指名され、国際軍事裁判の法廷に立たされた。その28名全員の訴因に「共同謀議罪」が入れられている。

アメリカのマサチューセッツ工科大学教授で、日本でも『敗北を抱きしめて』などの著書で知られるジョン・ダワーは、朝日新聞のインタビューで答えている。

「歴史事実の問題でいえば、判決が認定した１９２８年から日本の指導者が戦争の共同謀議をしていたという説を受け入れる歴史家はいません」（『戦争責任と追悼』朝日選書）と、「平和に対する罪」も法律学でいう事後法にあたると明快に答えている。

本項執筆・平塚柾緒（太平洋戦争研究会）

# 連合国はいかにしてA級戦犯を選定したのか

## 情報・資料不足の国際検察陣の戦犯選びを助けた2人の日本人

### 戦犯容疑者第1号に指名された東条英機

昭和20年8月30日、厚木の海軍航空隊基地に降り立った連合国軍最高司令官ダグラス・マッカーサー元帥は、幕僚とともに宿舎のホテル・ニューグランドに直行した。現在もある横浜のメリケン波止場を目前にしたホテルである。

その夜、夕食をとったマッカーサーは、CIC（対敵諜報部）部長エリオット・ソープ准将を自室に呼び、来日最初の命令を出した。それは東条英機陸軍大将の逮捕と戦争犯罪人容疑者のリスト作成だった。日米開戦時から昭和19年7月まで、首相のほかに陸軍大臣と参謀総長も兼務した〝超有名人〟の東条は、

東京・豊島区にあった巣鴨拘置所

いの一番に戦犯容疑者に指名されたのである。

　このときのマッカーサー元帥の説明によれば、戦争犯罪人には捕虜虐待などのいわゆる戦争法規違反者と、侵略戦争を計画・実行した者たちの2種類があるという。前者の逮捕・拘置はアルバ・カーペンター大佐の法務部が担当し、東条など侵略戦争を指揮した者たちはソープ准将のＣＩＣが担当せよというのだ。すなわちＢＣ級戦犯の選定と逮捕はカーペンター大佐の法務部が行い、Ａ級戦犯容疑者の逮捕はソープ准将のＣＩＣが行うことになったのである。

　マッカーサーの命令を受けた翌8月31日、ソープ准将はＣＩＣのスタッフに戦犯容疑者の人選と東条逮捕を命じた。しかし戦犯容疑者の人選組も東条逮捕組も難航していた。日本の政治や陸海軍組織の事情に疎いＣＩＣスタッフにとって、誰を戦犯容疑者にリストアップしたらいいかわからなかったし、東条逮捕組は、当の東条がどこにいるのか見当もつかなかった。このとき東条は逃げも隠れもせず、東京・世田谷区玉川用賀町の自宅に引きこもっていたのだが、米軍スタッフが知ろうはずはなかった。

　9月2日、東京湾に碇泊した米戦艦「ミズーリ」で日本と連合国の降伏調印式が行われ、マッカーサーは進駐後初の大仕事を無事終えた。9月8日には米第1騎兵師団の主力が東京に進駐し、マッカーサーも東京に入って、午前11時、これからの宿舎になる東京・赤坂の米大使館で国旗掲揚式を行った。

　午後は連合国軍最高司令官総司令部（ＧＨＱ／ＳＣＡＰ）に予定している日比谷交差点に近

い第一生命ビルを視察、ひとまず横浜に帰った。そしてソープ准将を呼ぶと、東条の逮捕と戦犯リストの作成はどうなっているかと尋ねた。マッカーサーは明らかに不満顔だった。

## 100名を超したA級戦犯容疑者

ソープ准将はあせった。東条逮捕担当のクラウス中佐が、東条は東京の自宅におり、近々新聞記者と会見するらしいという情報を聞き込んできた。それなら東条の家に乗り込むのは可能だ。残るは戦犯容疑者のリストづくりだ。そのときソープにひらめいた。東条が戦犯第1号なら、彼の内閣の大臣だった連中が戦犯に指名されてもおかしくはあるまい——。

翌9月9日、ソープは東条内閣の閣僚を中心に、ホセ・ラウレル（元フィリピン大統領）、ハイン

スガモプリズンから東京裁判の法廷に向かうA級戦犯容疑者たち

リッピ・スターマー（駐日ドイツ大使）、オン・サン少将（ビルマ独立義勇軍司令官）など日本に協力した外国人を加えた戦犯容疑者のリスト（第１次）をマッカーサー司令官に提出した。マッカーサー司令部はただちに米国務省に報告し、翌10日、国務省から了解の返電を受けとった。内報を受けた日本政府（東久邇宮内閣）は、リストに現職の国務相緒方竹虎や元首相の広田弘毅の名を見つけ、「現職の重臣は避けてほしい」とマッカーサー司令部に申し入れ、了承を取りつけた。

翌日の9月11日、マッカーサー司令部は東条英機元首相をはじめとする、43名の戦争犯罪容疑者の逮捕を命令した。この第１次戦犯容疑者には、日本人以外にフィリピン（比島）人３名、オーストラリア人２名、ドイツ人３名、オランダ人、ビルマ人、タイ人、アメリカ人各１名が含まれていた。

こうして米軍のＣＩＣによるＡ級戦犯容疑者の逮捕が開始された。以後、逮捕命令は近衛文麿や木戸幸一らが含まれる12月６日の逮捕命令発表まで４次にわたった。その逮捕者合計は１００名を超えた。その主要逮捕者名は次章に詳しいが、人選はかなりいいかげんなもので、なぜこの人が？　と首を傾げたくなる人もかなりいた。

一方で、自らの逮捕を予期したのか、杉山元《はじめ》元帥や橋田邦彦元文相、小泉親彦《ちかひこ》軍医中将のように自殺する者も後を絶たなかった（次章参照）。未遂に終わったが東条もその１人だった。

第１次逮捕者たちは横浜刑務所に収容されていたが、10月５日に旧陸軍の大森俘虜収容所に移された。そして近衛たちに逮捕命令が出た2日後の12月8日、大森俘虜収容所に拘置されていた容疑者は全員「巣鴨拘置所（スガモプリズン）」に移された。米軍は、ＢＣ級も含めた膨大な数の戦犯容疑者を収容するため、突貫作業で巣鴨拘置所の改装を行い、やっと完成したのである。現在、東池袋にそびえているサンシャイン60は、その跡地に建てられたビルだ。

## 国際検察局のA級戦犯選び開始される

近衛文麿や木戸幸一など9名への逮捕令が出された昭和20年12月6日、ジョセフ・Ｂ・キーナンが19名の検事を含むアメリカ検察陣幹部38名を率いて来日した。そして12月8日、マッカーサーはこのキーナンを局長に任命、国際検察局（International Prosecution Section　略称ＩＰＳ）を都心の明治ビルに設置した（のちに極東国際軍事裁判所が設置された市ヶ谷台の旧陸軍省に移動する）。

キーナンたちアメリカ検事団はA級戦犯を選定するため、連日のように巣鴨拘置所に通い、東条大将をはじめとする軍人、政治家の尋問を精力的に開始した。この間の12月28日、

極東国際軍事裁判所条例はマッカーサーの命令によってGHQ指揮下の国際検察局が作成した。そのGHQの本拠となった東京・日比谷の第一生命ビル（写真はGHQ時代）

米国務省は日本の降伏文書に調印したイギリス、フランス、中国、カナダ、オーストラリア、ニュージーランド、ソ連の各国に裁判官と検察官を1名ずつ指名するよう要請した。

キーナンは検察局のアメリカ人要員をAからHまでの8つのグループに分け、被告の選定作業を開始した。このうちAからCまでは年代順に分け、それぞれの期間内の「平和に対する罪」に関する政策を検証して被告を確定する作業を行うこととした。

東京裁判の法廷になった東京・市ヶ谷の旧陸軍士官学校。戦時中は陸軍省や大本営陸軍部などが置かれた

**Aグループ**：1930年～36年1月まで。
**Bグループ**：1936年2月～39年7月まで。
**Cグループ**：1939年8月～42年1月まで。
**Dグループ**：財閥からの被告予定者の選定。
**Eグループ**：超国家主義団体からの被告予定者の選定。
**Fグループ**：陸軍軍閥からの被告予定者の選定。
**Gグループ**：官僚からの被告予定者の選定。
**Hグループ**：日本政府の資料調査で、被告の選定作業には直接関与しない。

各グループの作業は急ピッチで進められた。そして検察陣がA級戦犯選定のために逮捕者や証人を尋問するなかで、有力な〝協力者〟が現れた。1人は11月24日に内大臣府が廃止されるまでその要職にあった、昭和天皇の第一の側近・木戸幸一だった。

## 検察側に全面協力した天皇の側近・木戸幸一

木戸に逮捕令が出されたのは12月6日で、木戸は10日後の16日にスガモプリズンに出頭している。その木戸に対する尋問は、12月21日からキーナン首席検事をはじめ、国際検察局の有力スタッフによって進められた。この尋問のなかで木戸は「日本陸軍のなかで戦争を望んでいたのは誰だったか？」という質問に対して、まず陸軍省の軍務局長だった佐藤賢了中将と武藤章中将の名を挙げ、続いて企画院総裁だった鈴木貞一陸軍中将について「彼は対米戦争には成算があると主張していた」と答えている。

木戸は延べ30回を超す尋問を受け、満州事変から

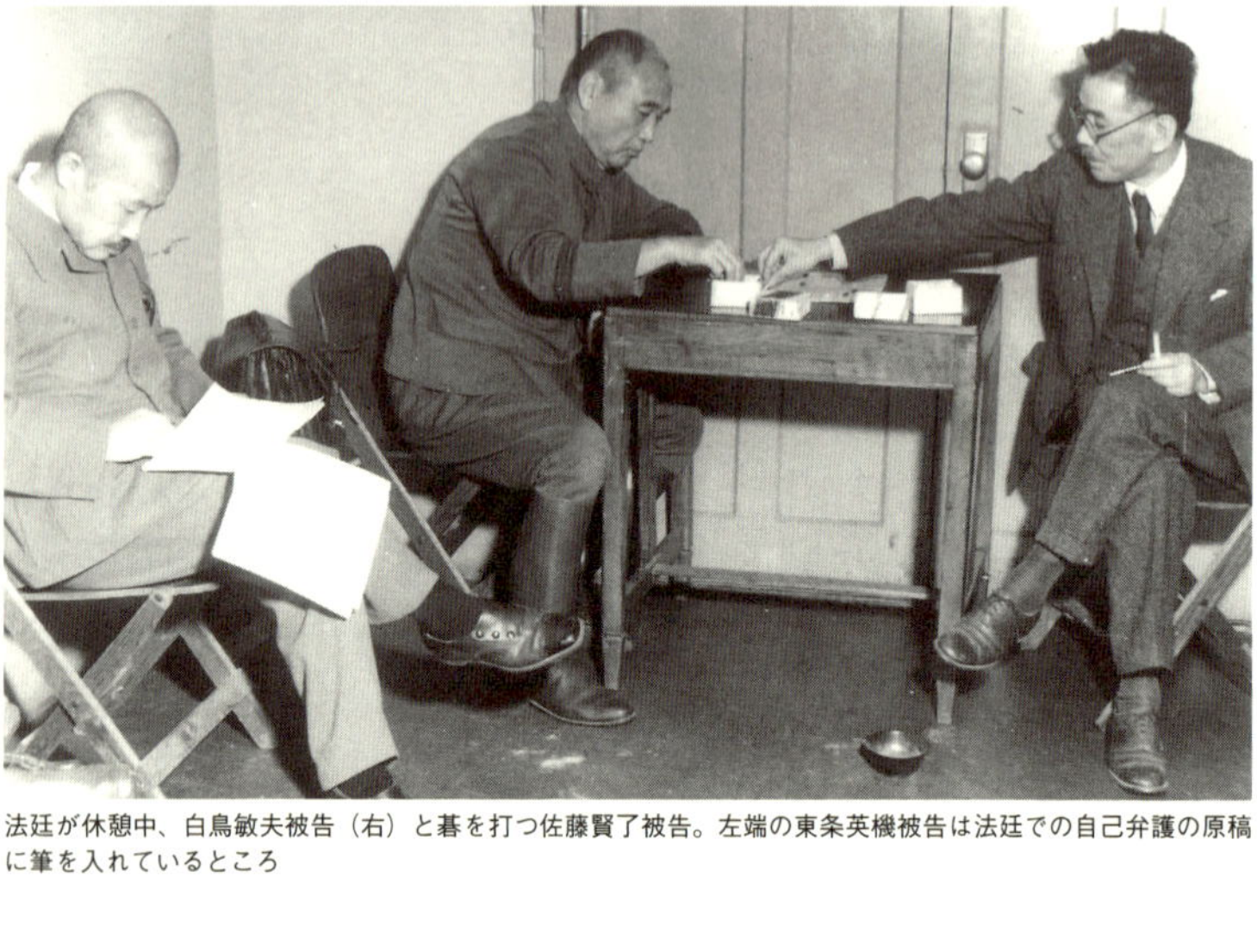

法廷が休憩中、白鳥敏夫被告（右）と碁を打つ佐藤賢了被告。左端の東条英機被告は法廷での自己弁護の原稿に筆を入れているところ

終戦にいたる間に起きたさまざまな事件や重要会議の決定についても供述した。そして、それらの事件や会議での関係者名を明かし、検察陣の被告選定に協力していった。

## 全被告28人中、半数の15人を被告に選定させた木戸証言

さらに、彼が昭和5年（1930）元旦からスガモプリズンに出頭する前日の20年12月15日まで書いていた日記（のちに『木戸日記』として刊行された）も検察局に提出した。粟屋憲太郎教授によれば、日記を入手した検察局は「その後の捜査と起訴状作成、さらには法廷での立証活動で日記を最大限に活用することになった」（『東京裁判への道』）。

そして粟屋教授は、木戸が検察局の質問に答えて「重大な政治責任や戦争責任があると言明あるいは示唆した人物のうち、結果として、東京裁判の被告

裁判所で米兵用の食事皿に盛りつけられた昼食をとる被告たち。左から岡敬純、賀屋興宣、大島浩の各被告

法廷にも証人として出廷、堂々と被告を名指しして証言する田中隆吉少将

に選定されたのは15人にもなる。全被告28人の半数をこえるわけである」と書き、その15名の名前を挙げている。陸軍では南次郎、荒木貞夫、小磯国昭、板垣征四郎、橋本欣五郎、松井石根、鈴木貞一、東条英機、武藤章、佐藤賢了の10名、海軍は永野修身、嶋田繁太郎、岡敬純の3名で、残る2名は元外相の松岡洋右と右翼の大川周明である。

ところが木戸は、質問が自分自身と天皇におよぶと、のらりくらりとかわし、「覚えていません」「記憶にありません」を連発した。

## 「日本のユダ!」と罵られた検察側証人

検察側へのもう1人の協力者は田中隆吉陸軍少将で、その協力ぶりは木戸のそれをはるかに凌駕《りょうが》するものだった。

田中は満州事変に連動して起こった上海事変の謀略を担当した〝功績〟を買われて関東軍参謀となり、綏遠《すいえん》事件などの謀略を実行したのち陸軍省に呼ばれ、少将に昇進した。そして昭和15年

12月には兵務局長に就《つ》いた。憲兵の元締めである。ところが憲兵の〝大親分〟である東条英機首相と対立し、昭和17年9月に予備役にされた。

田中は東京裁判が対象とする、満州事変から終戦にいたる期間に起きたさまざまな事件について、その内容と関係者を詳細に証言している。張作霖爆殺事件の内幕を暴き、満州事変の発端となった柳条《りゅうじょう》湖《こ》事件（満鉄線爆破）も関東軍の謀略であったことを暴き、さらには橋本欣五郎大佐らの桜会による3月事件、10月事件、そして2・26事件と、日本陸軍の暗黒部分を多岐にわたって暴き続けた。

これら田中尋問の1次資料を読み込んでいる粟屋教授は、A級戦犯被告28名の「検察ファイル」を見ると、田中の人物評が資料として添付されている者が17名にのぼると記している。そして「田中の各人物についての証言は、被告選定や被告選定後の立証準備のための有用な資料として、検察側に活用されたのである」（前出書）と結論づけている。

田中は事前の協力だけではなく、実際の法廷にも

巣鴨拘置所から着き、市ヶ谷の東京裁判の法廷に入る東条英機陸軍大将。東条の右は憲兵隊長ケンウォーシー少佐

検察側の証人としてたびたび出廷し、被告たちを名指しで証言している。そのため田中に対して、「裏切り者！」「日本のユダ！」という罵声《ばせい》もわき起こった。

## ついに決定されたA級戦犯28名

こうして逮捕した容疑者や多くの証人への尋問などから、当初ＣＩＣが逮捕・勾留した戦犯容疑者以外からも何人もの戦犯候補者が浮かび上がった。そして被告の最終決定は次のようなプロセスで決められることになった。

まず被告の絞り込み作業は、昭和21年3月2日に設立された国際検察局執行委員会（委員長はイギリス代表検事コミンズ・カー）が行い、これを各国検事で構成された参与検察官会議にかけて最終決定案とする。この決定案を、マッカーサー司令官が承認するという手順を踏むことになった。

被告の最終選定は3月11日の会議からはじめられ、まず東条英機、東郷茂徳、鈴木貞一の3名が決定された。続いて松岡洋右、荒木貞夫、大島浩も被告入りとなった。この被告の選定作業のなかで、新たな戦犯容疑者が洗い出され、3月末に国際検事団から初めて逮捕令が出された。元軍令部総長永野修身海軍元帥、元海軍省軍務局長岡敬純海軍中将、元陸軍省軍務局長武藤章陸軍中将の3名である。

# きわめて恣意的、曖昧な根拠で選ばれた被告人たち

　4月に入り、被告選びは大詰めを迎え、4月8日までに東条元大将をはじめとする26名の被告が決定された。オーストラリア代表検事のマンスフィールドは、昭和天皇の訴追を強硬に主張した。しかしアメリカ政府は、占領政策を円滑に進めるためには天皇の存在は欠かせないと判断していた。このアメリカ政府の政治的判断を背負うキーナン検事は、昭和天皇の訴追には断固反対の姿勢を崩さなかった。そして昭和天皇の免責が決定された。ところがこのあと、被告選びは二転三転するのである。

A級とBC級戦犯が拘置されたスガモプリズン

　まず第7方面軍司令官だった板垣征四郎大将とビルマ方面軍司令官だった木村兵太郎大将の2名が追加され、28名になったことだ。さらに4月13日に遅れに遅れていたソ連のS・A・ゴルンスキー検事と判事のI・M・ザリヤノフ少将の一行46名がやっと到着し、ほぼ決定していた被告の尋問と選定をやり直すと言い出したのだ。

その結果、ソ連検察陣は4月17日に前外相の重光葵（元駐ソ大使、外相）と梅津美治郎大将（元関東軍司令官）、鮎川義介（満州重工業総裁）、藤原銀次郎（王子製紙会長）、冨永恭次中将（陸軍次官）を追加するよう求めてきた。そして参与検察官会議で討論の結果、重光と梅津が被告に編入されることになり、被告数は28名になったのである。

この一件を見てもわかるように、死刑囚を出すかもしれない戦犯選びは絶対的なものではなく、きわめて恣意《しい》的、曖昧《あいまい》な根拠による選定でもあった。それはさておき、4月26日、重光、梅津の2人は逮捕され、スガモプリズンに送られてきた。そして3日後の4月29日、国際検察局はこれら28名の起訴状を極東国際軍事裁判所に送り、28名の被告が正式に確定されたのだった。

起訴された28名は次の人たちである（被告の順番は起訴状の記載順による）。

荒木貞夫、土肥原賢二、橋本欣五郎、畑俊六、平沼騏一郎、広田弘毅、星野直樹、板垣征四郎、賀屋興宣、木戸幸一、木村兵太郎、小磯国昭、松井石根、松岡洋右、南次郎、武藤章、永野修身、岡敬純、大川周明、大島浩、佐藤賢了、重光葵、嶋田繁太郎、白鳥敏夫、鈴木貞一、東郷茂徳、東条英機、梅津美治郎。

本項執筆・平塚柾緒（太平洋戦争研究会）

極東国際軍事裁判所の法廷風景

# 第2章

## 逮捕された100余名のA級戦犯容疑者

敗戦から1か月もたたない昭和20年9月11日、戦犯容疑者の最初の逮捕令が発せられた。その後も4次にわたって逮捕されたA級戦犯の容疑者は100名をゆうに超えた。

逮捕令状が出た者たちは、軍人、政治家、外交官、財界人、言論人、団体役員、右翼の大物など広範囲におよび、その人選はかなりいいかげんなものだった。なかには“なぜこの人が？”と首を傾げたくなる人も数多くいる。

一方、自らの逮捕を予期し、杉山元元師や橋田邦彦元文相、小泉親彦軍医中将のように自殺する者も後を絶たなかった。未遂に終わっているが東条英機もその1人である。

この章では主要な逮捕者とその経歴を詳しく拾い上げ、「戦犯容疑者」とはどのような人たちであったのかを見ていきたい。

# 多岐にわたったA級戦犯容疑者の逮捕

## 政治家、財界人、右翼の大物…、１００名をゆうに超したA級戦犯容疑者たち

### 皇族にも逮捕の手がおよんだ戦犯容疑者

最初の戦犯容疑者の逮捕令は昭和20年9月11日に発せられた。敗戦から1か月も経っていない。それは連合国軍最高司令官から終戦連絡中央事務局を通じて日本政府に通達され、本人には米第8憲兵司令部への出頭命令という形で伝達された。しかし、東条英機や嶋田繁太郎のように自宅から米軍憲兵によって連行された者もいた。

逮捕令状が出た者の範囲は軍人、政治家、外交官、財界人、言論人、団体役員、極右翼の大物指導者など広範囲におよんでいた。なかでも昭和天皇の大叔父にあたる皇族の梨本宮守正殿下（当時72歳）が逮捕されたことは、天皇逮捕の伏線ではないか？　と、政府や国民に大きなショックを与えた。

梨本宮は出頭直前に昭和天皇に会い、

「私の出頭は陛下のご名代」

と述べたと伝えられている。

100名をゆうに超すこれら容疑者のなかから、A級戦犯容疑者を絞りこむ作業はGHQ（連合国軍最高司令官総司令部）内に設置された国際検察局で行われた。そして最終的には28名が起訴されるのだが、では、いかなる人たちが逮捕され、拘置されたのか？　ここではそれら逮捕されたなかから主な人たちを拾ってみることにする。

なお、A級戦犯として起訴された者のうち板垣征四郎、木村兵太郎、土肥原賢二、橋本欣五郎、武藤章の氏名は入っていないが、すでにこれら被告は外地で逮捕されていて後日東京へ移送されたり、国内で単独に逮捕されたりしたケースである。

また、テイ・モン（日本占領中の駐日ビルマ政府大使）、ホセ・P・ラウレル（日本占領中のフィリピン大統領）、ハインリッヒ・スターマー（駐日ドイツ大使）、クレッチマー（ドイツ大使館付武官。陸軍中将）ら外国人も多数逮捕されているが、ここでは省かせていただく。

逮捕された戦犯たちを護衛する第720憲兵大隊のメンバーに訓示する隊長のケンワージ中佐

# 東条内閣の閣僚を中心とした第1次逮捕者

## 【昭和20年9月11日に逮捕命令〈第1次戦犯指名〉計39名】

主な逮捕者は以下のとおり。

**東条英機**（A級戦犯被告　Ｐ１３８参照）　**東郷茂徳**（A級戦犯被告　Ｐ１３６参照）
**嶋田繁太郎**（A級戦犯被告　Ｐ１３０参照）　**賀屋興宣**（A級戦犯被告　Ｐ１０２参照）
**鈴木貞一**（A級戦犯被告　Ｐ１３４参照）　**土肥原賢二**（A級戦犯被告　Ｐ８８参照）

### 岸《きし》 信介《のぶすけ》　日米開戦時の商工相（1896〜1987）

岸　信介

大正9年、東大法学部を卒業し農商務省に入省した。昭和11年満州国産業部次長に就任。この職は満州国における経済政策の最高責任者といえるものである。翌12年から満州開発5カ年計画を発足させ、満州経済の統制と軍需工業化に力を注いだ。

昭和14年、日本に帰国。昭和16年、東条英機内閣が発足すると商工相に就任し、対米英開戦の詔書に副署した。その後、国務大臣兼軍需次官として軍事物資調達の指導にあたった。終戦直後、東条とともにA級戦犯容疑で逮捕されるが起訴されることなく、23年12月に釈放された。釈放後は政治家の道を歩み、昭和32年2月首相に就任した。佐藤栄作元首相は実の弟であり、安倍晋太郎は娘婿。現首相の安倍晋三は孫にあたる。

### 岩《いわ》村《むら》通《みち》世《よ》　日米開戦時の司法相　（1883～1965）

明治43年東大卒。検事となり司法省に入り、初代の思想検事となる。八幡製鉄疑獄、帝人事件、天皇機関説事件などの指揮をとる。昭和10年の司法省刑事局長を皮切りに、大審院検事次長、司法次官、検事総長を歴任。この間には神兵隊事件やゾルゲ事件を処理した。昭和16年、第3次近衛内閣の司法大臣に就任。続く東条内閣でも司法大臣を務める。尾崎行雄不敬事件、中野正剛事件に関係しながら、戦時下の法体制を確立させた。

岩村通世

## 橋《はし》田《だ》邦彦《くにひこ》　日米開戦時の文相　（1882〜1945）

明治41年東大医科卒業後、ドイツ・オーストリア・スイスに4年間留学。帰国後の大正11年東大医学部教授になり、昭和12年からは一高校長を兼務した。

昭和15年、第2次近衛内閣の文相となり国民学校令を公布した。続く東条内閣でも留任。教育審議会を廃止し「戦時家庭教育指導要項」を定め、大東亜建設文教政策を発表した。その後、中学・高校の年限短縮などを盛り込んだ学制改革勅令を決定。終戦後、A級戦犯容疑の指名を受けたが、逮捕直前の昭和20年9月14日、服毒自殺した。

橋田邦彦

## 井《い》野《の》碩哉《ひろや》　日米開戦時の農相　（1891〜1980）

大正6年、東大法律学科卒業後、農務省に入る。蚕糸局長、企画庁次長などを歴任し、昭和16年第2次近衛内閣で農林大臣に就任。第3次近衛内閣、東条内閣でも農林大臣を務める。東条内閣では戦時農業増産計画を担当。また、拓務相も兼務した。

昭和17年の翼賛選挙で衆議院議員に当選した。戦後A級戦犯容疑で逮捕されるが、その後釈放

井野碩哉

された。昭和28年から3期参議院議員を務め、第2次岸内閣では昭和34年に法務相に就任した。昭和46年に議員を引退。昭和55年死去。

## 小泉《こいずみ》親彦《ちかひこ》　日米開戦時の厚相　（1884〜1945）

東大医学部卒業後、軍医のエリートコースを歩む。大正3年に軍医学校教官に就任すると、軍医監、近衛師団軍医部長、軍医学校長を歴任し、昭和9年軍医総監になるとともに陸軍省医務局長を兼任。在任中は兵役にあたる成人男性の体位向上に努力し、厚生省設置に奔走した。

また、この頃日本陸軍で初めてＢＣＧ接種を実施し、結核予防に効果を挙げた。昭和13年予備役に編入されたが、第3次近衛内閣・東条内閣で厚相に就任。戦後、Ａ級戦犯容疑に指名されたが、取り調べを拒否して割腹自殺した。軍医中将

小泉親彦

は軍医の最高位。

### 本間《ほんま》雅晴《まさはる》　日米開戦時の比島方面軍司令官（1887〜1946）

本間雅晴

大正4年陸軍大学校を卒業。参謀本部員になりイギリス・インドの駐在員となる。昭和13年参謀本部第2部長、中将・第27師団長となり武漢作戦に参加。昭和15年台湾軍司令官、翌16年第14軍司令官となる。

太平洋戦争の開戦とともにフィリピン攻略戦を指揮。昭和17年1月2日にマニラを占領。しかしバターン・コレヒドールの攻略に手間取り、ようやく米比軍を降伏させたのは5月に入ってからだった。この作戦失敗の責任を負わされて昭和17年8月予備役に編入。戦後、「バターン死の行進」の責任者としてマニラの軍事法廷で銃殺刑を言い渡され、昭和21年4月に処刑された。

### 黒田《くろだ》重徳《しげのり》　陸軍中将・占領後の比島方面軍司令官（1887〜1954）

大正5年陸大卒業。昭和14年8月に中将に昇進、第26師団長などを務めたあとの17年7月南方

黒田重徳

軍総参謀長。18年5月第14軍司令官、19年7月第14方面軍司令官となり、19年12月予備役編入。

戦後の20年9月A級戦犯容疑で逮捕されたが、第14軍司令官や第14方面軍司令官時代のフィリピンにおける部下の残虐行為の罪を問われ、BC級戦犯としてマニラの軍事裁判で終身刑の判決を受けた。昭和27年2月、仮釈放で帰国する。

## 村《む》田《た》省《しょう》蔵《ぞう》　昭和初期の財界人　（1878～1957）

明治33年東京高商（現在の一橋大学）を卒業し、大阪商船に入社。大正9年専務に就任し、大阪商船を大躍進させた。昭和9年社長に就任。日中戦争が始まると海運の戦時体制確立を提唱し海運自治連盟を結成して理事長となる。昭和14年貴族院議員となり、第2次・第3次近衛内閣で逓信相兼鉄道相を歴任した。太平洋戦争が開戦すると、昭和17年比島派遣軍最高顧問、翌18年には駐比特命全権大使に就任してフィリピンに赴任した。このため戦後戦犯容疑で逮捕されたが、昭和22年に釈放された。

村田省蔵

## 寺島《てらしま》　健《けん》　海軍中将、日米開戦時の逓信相兼鉄道相　（1882〜1972）

寺島　健

海兵・海大卒業。昭和3年12月連合艦隊参謀長、その後、海軍省教育局長、軍務局長などを経て中将に。昭和9年4月予備役になり、浦賀船渠《ドック》社長、16年10月〜18年10月逓信相兼鉄相となり、貴族院議員に推される。23年12月までA級戦犯容疑でスガモプリズンに拘置される。

## 長浜《ながはま》　彰《あきら》　陸軍大佐・比島占領後の憲兵隊司令官　（1895〜1947）

陸士卒業。昭和3年6月に憲兵大尉になった後、憲兵畑を歩く。昭和17年8月憲兵大佐になり、フィリピンの第14軍憲兵隊長、19年4月第14軍憲兵隊司令官、7月第14方面軍憲兵隊司令官、終戦時は呉地区隊憲兵隊長。A級戦犯容疑で逮捕された後、フィリピンに送られる。マニラの軍事法廷で死刑の判決を受け、22年3月刑死。

# 大物A級戦犯容疑者の第2次、3次逮捕命令でる

## 【昭和20年10月22日に逮捕命令1名】

**安倍《あべ》源基《げんき》**　開戦時の企画院次長　（1894〜1989）

大正9年東大法学部を卒業し、内務省に入る。昭和7年、初代警視庁特別高等警察部部長に就任。日本共産党の弾圧にあたった。昭和12年第1次近衛内閣で警保局長、警視総監。昭和15年米内内閣で再び警視総監に就任。一貫して治安対策関係の道を歩んだ。昭和16年に企画院次長に転じ、昭和20年には鈴木貫太郎内閣の内務大臣になる。

A級戦犯容疑で昭和23年まで拘置される。

安倍源基

## 【昭和20年11月19日に逮捕命令〈第2次戦犯指名〉11名】

**荒木貞夫**（A級戦犯被告　P86参照）　**小磯国昭**（A級戦犯被告　P108参照）

**松岡洋右**（A級戦犯被告　P112参照）　**松井石根**（A級戦犯被告　P110参照）

**南　次郎**（A級戦犯被告　P114参照）**白鳥敏夫**（A級戦犯被告　P132参照）

## 本庄《ほんじょう》　繁《しげる》　満州事変時の関東軍司令官（1876～1945）

明治40年陸軍大学校を卒業し、参謀本部の「支那課」に勤務。陸軍内のシナ通として知られるようになる。昭和2年中将となり、昭和6年8月関東軍司令官に就任した。就任後間もなく関東軍参謀たちによる謀略で満州事変が起こり、その指揮をとった。昭和7年軍事参議官となり、昭和8年から11年まで侍従武官長として天皇に仕えた。この間大将となり、昭和10年には満州事変の功績から男爵となる。昭和11年予備役に編入されたが、終戦まで傷兵保護院総裁、枢密顧問官などを歴任した。敗戦後の昭和20年11月20日、自決した。

本庄　繁

## 鹿子《かのこ》木《ぎ》員信《かずのぶ》　言論報国会事務局長（1884～1949）

明治37年海軍機関学校を卒業。海軍に入るが中尉で退職し、哲学研究の道に転じた。明治40年以降アメリカ・ヨーロッパに留学。大正15年九大教授となり、昭和2年からはベルリン大学の教授。太平洋戦争中は言論報国会事務局長を務め、超国家主義の思想運動をリードした。戦後A級戦犯容疑で逮捕された後、公職追放処分された。

### 久《く》原《はら》房《ふさ》之《の》助《すけ》　元政友会総裁　（1869〜1965）

久原房之助

明治・大正期は日立製作所創立の基盤となった久原鉱業所（日立銅山）や久原財閥を創設した実業家。昭和に入ると政治家に転身、政友会に入る。昭和3年衆議院議員に当選すると、田中義一内閣の逓信相となる。その後、政友会に久原派をつくり、一国一党を主張。軍部や右翼と密接な関係になる。昭和14年、政友会の分裂の際には鳩山一郎らとともに正統派に属し、同党の総裁となった。昭和15年に政友会を解党したのち、第2次近衛内閣の参議を務めたが、東条内閣の翼賛選挙には立候補しなかった。「政界の黒幕」と呼ばれた。

### 葛《くず》生《う》能《よし》久《ひさ》　頭山満の片腕といわれた国家主義者　（1874〜1958）

明治34年、大アジア主義と天皇主義を標榜して内田良平とともに黒竜会を結成。昭和6年には大日本生産党の結成に参加した。昭和12年に内田が死ぬと黒竜会の主幹となり、会長を務めた。また戦中は大政翼賛会総務を務めた。

### 真崎甚三郎《まざきじんざぶろう》　陸軍大将、皇道派の中心人物　（1876～1956）

明治40年陸軍大学校卒業。昭和元年陸軍士官学校校長に就任。以後、第8師団長、第1師団長、台湾軍司令官、参謀次長、教育総監兼軍事参議官を歴任し、昭和8年には大将に昇進した。

参謀次長のころから陸軍内で皇道派を形成するが、昭和10年反皇道派によって教育総監を更迭される。そして翌11年に起こった2・26事件の黒幕とされ、予備役に編入された。その後、反乱幇助《ほうじょ》の容疑で軍法会議にかけられるが無罪となる。

真崎甚三郎

## 【昭和20年12月2日に逮捕命令〈第3次戦犯指名〉59名】

**畑　俊六**（A級戦犯被告　P92参照）　**平沼騏一郎**（A級戦犯被告　P94参照）

**広田弘毅**（A級戦犯被告　P96参照）　**星野直樹**（A級戦犯被告　P98参照）

**大川周明**（A級戦犯被告・のち免訴　P120参照）　**佐藤賢了**（A級戦犯被告　P126参照）

## 鮎《あゆ》川《かわ》義《よし》介《すけ》

日産コンツェルンの創設者で実業家・政治家　（1880〜1967）

鮎川義介

満州事変後の軍需インフレを利用してのし上がった新興財閥の典型。のち軍部とともに満州に進出し、満州重工業の社長となる。戦後、戦犯容疑で逮捕され公職追放。

## 天《あ》羽《もう》英《えい》二《じ》

元外務省事務次官　（1887〜1968）

天羽英二

明治45年東京高商（現在の一橋大学）を卒業し、外務省に入る。広東・ハルビン総領事、ソ連大使館参事官を経て、昭和8年広田弘毅外相の下で外務省情報部長となる。日中戦争において世論の誘導統制につとめた。

昭和12年駐スイス特命全権大使兼国際会議帝国事務局長、昭和14年駐イタリア特命全権大使を経て、昭和16年外務省事務次官になる。昭和18年からは東条内閣の情報局総裁に就任した。

### 安藤《あんどう》紀《き》三郎《さぶろう》　陸軍中将・東条内閣の内相（1879～1954）

安藤紀三郎

明治32年陸軍士官学校を卒業。旅順要塞司令官などを経て昭和9年予備役に編入。昭和16年大政翼賛会の副総裁に就任。昭和17年東条英機の腹心として東条内閣の無任所国務大臣となる。翌18年には内務大臣に就任。戦時下の国民統制と思想に対する弾圧の陣頭指揮をとった。

### 青木《あおき》一男《かずお》　元企画院総裁・大東亜相（1889～1982）

東大卒業後、大正5年大蔵省に入省。賀屋興宣、石渡荘太郎とともに大蔵省の三羽烏と呼ばれた。昭和9年理財局長となったが、対満事務局次長に転出。昭和12年企画院設置にともない次長となり、その後総裁となる。昭和14年阿部内閣の大蔵相兼企画院総裁となった。その後、南京へ赴任し、汪兆銘政権の独立に尽力した。

青木一男

昭和17年東条内閣の初代大東亜相として入閣し、大東亜会議、大東亜宣言などの施策に携わった。戦後A級戦犯容疑で逮捕されるが不起訴。公職追放解除後の昭和28年から昭和52年まで参議院議員。

## 有《あり》馬《ま》頼寧《よりやす》

元興亜院総裁・大政翼賛会総務（1884〜1957）

有馬頼寧

旧久留米藩藩主有馬頼万の長男。明治43年東大農学科を卒業後農商務省に入省、農政に携わる。大正13年衆院議員に当選し政友会に所属。昭和2年父の死により有馬家を継いで伯爵。昭和4年貴族院議員に当選。昭和12年第1次近衛内閣の農相となる。近衛の側近として大政翼賛会の設立に携わり、昭和15年初代事務総長に就任したが半年で辞任。

戦後A級戦犯容疑で逮捕されたが、不起訴。公職追放解除後の昭和30年、2代目の日本中央競馬会理事長に就任。有馬記念は彼の功績を記念して名付けられたもの。作家の有馬頼義は3男。

### 藤《ふじ》原《わら》銀《ぎん》次《じ》郎《ろう》　実業家・政治家（1869〜1960）

藤原銀次郎

王子製紙社長で製紙王と呼ばれた。昭和15年に米内内閣の商工相に就任すると、東条内閣の国務相、小磯内閣の軍需相などを歴任した。

### 古《ふる》野《の》伊《い》之《の》助《すけ》　同盟通信社社長（1891〜1966）

明治42年ＡＰ通信東京支局の給仕として入社。大正3年国際通信社に入社。昭和元年、国際通信社と東北通信社が合併し日本新聞連合となると総支配人兼外国通信部長となった。昭和11年にはライバルの電通通信部門と合併して同盟通信社を誕生させ、常務理事。その後社長に就任。戦時中は新聞統制を主導した。

敗戦とともに同盟通信社は解散。Ａ級戦犯容疑に指定されたが不起訴となり、追放が解除されると共同通信社、時事通信社の理事を歴任した。

**郷《ごう》古《こ》　潔《きよし》**　三菱重工業社長（１８８２〜１９６１）

明治41年東大法科を卒業し三菱合資会社に入社。三菱を日本最大の軍需品生産会社に成長させた。昭和16年に同社社長に就任。昭和18年には東条内閣の顧問となる。

しかし、顧問就任を三菱の総帥岩崎小弥太に相談せず独断で決めたため社長を解任、閑職の会長にさせられた。大政翼賛会の生産拡充委員長を務め、敗戦直前には軍需省顧問に就任した。

**後《ご》藤《とう》文《ふみ》夫《お》**　元農相・内相・国務相（１８８４〜１９８０）

明治41年東大を卒業し内務省に入省。昭和5年に貴族院議員に勅選された。昭和7年斎藤内閣の農林相に就任。昭和9年岡田内閣の内務相。昭和15年に大政翼賛会が発足すると副総裁など重職を歴任した。昭和18年には東条内閣の国務相を務めた。

後藤文夫

## 秦彦三郎《はたひこさぶろう》　陸軍中将　（1890〜1959）

秦彦三郎

敗戦時の関東軍総参謀長。大正11年参謀本部ロシア班員となり、昭和元年から10年間ソ連などの各国大使館付武官を務めた。

昭和18年参謀次長となり、戦局が不利な状態での作戦指導にあたった。終戦間際の昭和20年に関東軍参謀長に就任。終戦後はソ連に抑留された。抑留は約10年続き、復員は昭和31年の12月だった。

## 本多熊太郎《ほんだくまたろう》　外交官　（1874〜1948）

本多熊太郎

明治34年小村寿太郎外相の秘書官となり、日露戦争のポーツマス講和会議にも随行した。大正7年スイス公使、大正13年からドイツ大使を務めて退任。昭和15年松岡外相に起用されて汪兆銘政権下の南京に中国大使として赴任した。昭和19年には東条内閣の外交顧問も務めた。

## 井《い》田《だ》磐《いわ》楠《くす》

貴族院議員・大政翼賛会総務　（1881〜1964）

井田磐楠

明治35年陸軍士官学校、東大文学部卒業。日露戦争では旅順・奉天の戦いに参加。大正8年予備役に編入。昭和4年貴族院議員に当選し、在郷軍人の政治団体三六倶楽部に関わった。昭和10年の美濃部達吉博士の「天皇機関説排撃事件」では貴族院の先鋒となって岡田啓介内閣を批判した。以後、右翼活動に熱を入れ、大政翼賛会が発足すると常任総務に就任した。

## 池《いけ》田《だ》成《しげ》彬《あき》

三井財閥の総帥　（1867〜1950）

池田成彬

昭和11年自らが制定した定年制により三井を辞任した。その後、昭和12年に日銀総裁就任。昭和13年の第1次近衛内閣では蔵相兼商工相となり、昭和16年には枢密顧問官となった。A級戦犯の容疑者となり、また公職追放になって第一線からは退いたが、政財界への影響力は長らく保っていた。

## 池崎忠孝《いけざきただたか》　作家・元衆議院議員　（1891〜1949）

池崎忠孝

東大法科在学中に夏目漱石の門下となる。赤木桁平《こうへい》の筆名で文芸評論を発表するも、大正9年家業を継ぐために筆を折る。昭和4年本名で『米国怖るるに足らず』を発売、ベストセラーとなり、軍事評論家として知られるようになる。昭和11年衆院議員に当選、第1次近衛内閣の文部参事官となる。

## 石田乙五郎《いしだおとごろう》　陸軍中将　（1892〜1977）

陸軍士官学校第25期卒業の石田は、昭和16年3月に台北憲兵隊長になり、翌17年8月に少将に昇進して台湾憲兵隊司令官となった。昭和19年1月に憲兵学校校長となり、同年11月に憲兵司令部本部長となる。翌20年4月に中将になるが、ほどなく敗戦を迎える。

## 石原広一郎《いしはらこういちろう》　石原産業社長　（1890〜1970）

石原広一郎

2・26事件の青年将校の支援者。マレー半島の鉱山開発を進めるため、大正14年石原鉱業を設立。その後、日本の南方進出の波に乗って事業を発展させ、石原コンツェルンを形成する。大川周明の神武会、陸軍大将田中国重の明倫会などの右翼を後援し、国家主義運動を展開した。

## 上砂《かみさご》勝七《しょうしち》　陸軍少将（1890〜1956）

石田乙五郎と陸士同期（第25期）の上砂は、石田の後を追うように昭和18年8月に少将となって久留米憲兵隊長となり、終戦の年の20年1月に台湾憲兵隊司令官になった。

## 河辺《かわべ》正三《まさかず》　陸軍大将（1886〜1965）

河辺正三

日中戦争勃発時の北支派遣軍司令官。昭和18年ビルマ方面軍司令官に就任。昭和19年に始めたインパール作戦は、牟田口第15軍司令官が河辺の許可を得て実施したもの。目的も成功も疑問視された作戦だったが、河辺は作戦中止の時期を誤り、多くの将兵を死地に追いやった。

**菊《きく》池《ち》武《たけ》夫《お》**　陸軍中将（1875〜1955）

菊池武夫

貴族院議員として天皇機関説を反逆思想とし、美濃部達吉を学匪と攻撃した。また国体明徴運動の急先鋒として動いた。

**木《き》下《のした》栄《えい》市《いち》**　陸軍中将（生没年不詳）

陸士27期、陸大37期の木下は昭和16年3月に支那駐屯憲兵隊（同年5月に「北支派遣憲兵隊」と改称）総務部長になり、同年10月に少将に昇進する。翌17年8月に中支派遣憲兵隊長となり、19年11月に憲兵学校長に転じ、20年4月に中将に昇進して敗戦を迎える。

## 小林《こばやし》順一郎《じゅんいちろう》　陸軍大佐・大政翼賛会総務　（1880〜1963）

明治34年陸軍士官学校を卒業。昭和13年砲兵大佐の時に予備役に編入。その後フランスからの兵器輸入で財を成し、それを資金に右翼運動の黒幕となる。自ら三六倶楽部を主宰した。

## 小林《こばやし》躋造《せいぞう》　海軍大将・台湾総督・小磯内閣国務相　（1877〜1962）

明治31年海軍兵学校を卒業。中将時代の昭和2年ジュネーブ海軍軍縮会議に随員として派遣された。昭和6年連合艦隊司令長官兼第1艦隊司令長官に就任。昭和8年に大将となる。

小林躋造

ロンドン海軍軍縮会議後の海軍内の対立の余波を受けて予備役に編入。その後、昭和11年に台湾総督に任命されたが、軍人としてではなく文官としてだった。昭和19年貴族院議員に勅選され、翼賛政治会の総裁となる。同年12月小磯内閣の国務相に就任した。

## 児《こ》玉《だま》誉《よ》士《し》夫《お》

右翼の活動家 （1911〜1984）

児玉誉士夫

昭和4年赤尾敏が創設した建国会に入会。過激な活動を行い逮捕・懲役を繰り返した。日中戦争が始まると参謀本部の依頼で中国に渡る。その後外務省・参謀本部の嘱託となり汪兆銘政権樹立のために働いた。

昭和16年海軍航空本部の依頼で戦略物資調達のための児玉機関を上海に設置。以後、中国で大量の物資の調達にあたった。昭和17年の翼賛選挙に立候補するも落選。戦後はA級戦犯容疑で逮捕されたが不起訴。のちにロッキード事件の被告となる。政財界のフィクサーと呼ばれた。

## 松《まつ》阪《ざか》広《ひろ》政《まさ》

検事総長・法相を歴任 （1884〜1960）

松阪広政

明治43年東大法科を卒業し、大正元年検事に任官。昭和16年検事総長に就任。昭和19年の小磯内閣、翌20年の鈴木内閣で法相を務め、戦時下の思想弾圧に腕を振るった。

## 水《みず》野《の》錬《れん》太《た》郎《ろう》

興亜同盟副総裁、翼賛会興亜総本部統理　（1868〜1949）

水野錬太郎

内務参事官、内相秘書官などをしたあと大正元年貴族院議員に勅選される。寺内内閣の内相のあと、加藤友三郎内閣、清浦内閣の内相を務め、昭和元年に政友会入党、田中義一内閣の文相。昭和10年に岡田内閣の審議会委員になったことが党議にふれて離党し、その後は産報連盟会長、産業報国会顧問などに就いて産報運動を推進した。

## 牟《む》田《た》口《ぐち》廉《れん》也《や》

陸軍中将　（1888〜1966）

牟田口廉也

大正6年陸軍大学校を卒業し参謀本部に入る。昭和11年支那駐屯歩兵第1連隊長となる。翌年盧溝橋事件が勃発すると、中国側への攻撃を独断で許可し、事件が日中戦争へ拡大する契機となった。昭和18年第15軍司令官に就任し、昭和19年3月から無謀なインパール作戦を立案、強引に進めて失敗、多くの将兵を飢餓と病気で死亡させた。そして自らは上部に取り入って、半死状態の将兵を前線に置き去りにして敵前逃亡同然に東京に転任した。やがて予備役に編入されたが、昭和20年1月に召集され、陸軍予科士官学校長になり、終戦を迎えた。

### 長友《なが》《とも》次男《つぎ》《お》　陸軍少将　(1893〜1986)

中部地区憲兵隊司令官。憲兵一筋の軍人で、太平洋戦争開戦前は大佐で満州の関東憲兵隊警務部長、昭和18年1月同総務部長。19年3月少将になって大阪憲兵隊長、20年3月中部憲兵隊司令官となる。捕虜虐待などのBC級戦犯として裁かれ、昭和24年1月に終身刑判決を受ける。昭和33年4月仮釈放。

### 中《なか》島《じま》知《ち》久《く》平《へい》　実業家・政治家　(1884〜1949)

中島知久平

日本航空機産業の草分け的存在。実業家・政治家。大正6年、海軍大尉で退役後、中島飛行機会社を設立。戦争の拡大とともに軍用機の生産で会社を成長させ、太平洋戦争中は一大コンツェルンを形成した。昭和5年以来衆院議員を務め、昭和13年政友会総裁、第1次近衛内閣の鉄道相、大政翼賛会総務などを歴任した。

中島飛行機は戦後財閥解体によって15社に解体されたが、現在の富士重工業が中島飛行機を継承している。

### 中村《なかむら》明人《あけと》　陸軍中将　（1889～1966）

昭和15年南支那方面軍の第5師団長に就任。北部仏印進駐の際に独断越境を行い、武力衝突問題を起こした。昭和16年憲兵司令官、昭和18年タイ駐屯軍司令官、昭和19年第39軍司令官、昭和20年第18方面軍司令官となった。

### 梨本《なしもと》守正《もりまさ》（梨本宮《なしもとのみや》守正《もりまさ》殿下）　陸軍元帥・昭和天皇の大叔父　（1874～1951）

陸軍士官学校を卒業後の明治36年フランスへ留学。日露戦争では参謀本部付・第3軍司令部として従軍した。戦後、再びフランスへ留学し、フランス陸軍大学を卒業。大正8年軍事参議官、昭和7年元帥となる。太平洋戦争中の昭和18年伊勢神宮祭主に就任。この神宮祭主だったことが原因で、戦後、

梨本守正

皇族として唯一A級戦犯として逮捕される。不起訴で釈放されるが、皇族離脱、財産没収など不遇な晩年をおくった（P83コラム1参照）。

## 西《に》尾《お》寿《とし》造《ぞう》　陸軍大将（1881〜1960）

明治34年陸軍士官学校を卒業。日露戦争に従軍し負傷する。昭和11年参謀次長となり、以後近衛師団長、教育総監などを務める。昭和14年大将となり新設された支那派遣軍総司令官に就任。昭和16年軍事参議官となり昭和18年予備役に編入されたが、翌昭和19年東京都長官を務めた。

西尾寿造

## 納《のう》見《み》敏《とし》郎《ろう》　陸軍中将（1894〜1945）

陸士27期、陸大37期の納見は昭和15年8月に憲兵司令部本部長に就き、同年12月に少将に昇進して中支派遣軍付となる。以後、翌16年5月に中支派遣憲兵隊長、17年8月に憲兵学校長、19年1月に台湾憲兵隊司令官になり、同年6月に中将に昇進した。そして20年1月に第28師団長となるが終戦。そしてＧＨＱの戦犯指名が出た10日後の昭和20年12月13日、宮古島で自決した。

### 岡《おか》部《べ》長《なが》景《かげ》　東条内閣の文相（1884〜1970）

岡部長景

旧岸和田藩主岡部長織の長男。明治42年東大を卒業し、外務省に入省。昭和5年貴族院議員となる。昭和10年岡田内閣の陸軍政務次官に就任。昭和18年大政翼賛会から推薦され東条内閣の文相となる。このとき学徒動員・学徒勤労動員を推進し実施した。

### 大《おお》倉《くら》邦《くに》彦《ひこ》　実業家・思想家（1882〜1971）

大倉邦彦

大正9年大倉洋紙店社長に就任。実業家として活動する一方で、昭和7年日本精神文化の神髄を究めるための場所として大倉精神文化研究所を創設。昭和12年には東洋大学の学長となる。太平洋戦争中は大日本興亜同盟委員などを務めた。

### 大野《おおの》広一《こういち》　陸軍中将　（1891〜1986）

憲兵畑一筋の大野は陸士26期、陸大38期で、昭和13年8月に支那駐屯憲兵隊総務部長に就き、15年12月に少将に昇進。翌16年5月に北支派遣憲兵隊総務部長、17年2月に関東憲兵隊総務部長、そして18年1月には関東憲兵隊司令官に就任した。さらに18年3月には憲兵学校長に転じ、同年8月には再び中国に渡って中支派遣憲兵隊司令官に就いて、20年4月に中将に昇進、第11師団長になった。

### 太田《おおた》耕造《こうぞう》　弁護士・政治家　（1889〜1981）

太田耕造

大正9年東大法学部を卒業し弁護士となる。弁護士活動をしながら平沼騏一郎の主催する国本社の幹事となった。昭和13年法政大学の教授となり、翌14年平沼内閣の内閣書記官長に就任。同年貴族院議員となる。昭和20年鈴木内閣の文相となり、学徒動員局を設置した。戦後A級戦犯容疑で逮捕されるが不起訴。昭和30年亜細亜大学を設立し学長となる。

## 太《おお》田《た》正《まさ》孝《たか》　政治家（1886〜1982）

太田正孝

明治45年東大経済学科を卒業し大蔵省に入る。主計官となるが大正8年に辞職し、政界入りするまで報知新聞社の副社長を務めた。昭和5年衆院議員に当選。昭和15年大政翼賛会政策局長となり、後に翼賛政治会常任総務も務める。

戦後、公職追放解除後政界に復帰、第3次鳩山内閣の国務相・自治庁長官。のち参院議員。

## 桜《さくら》井《い》兵《ひょう》五《ご》郎《ろう》　実業家・政治家（1880〜1951）

桜井兵五郎

北日本耐火煉瓦、北陸毎日新聞、日本特殊インキ、日本タイプライター会社などの社長や取締役を歴任。大正4年衆院議員に当選し、民政党に所属した。のちに民政党の幹事長に就任する。昭和17年にビルマ派遣軍軍政顧問に就く。帰国後、昭和20年鈴木内閣の国務相を務めた。A級戦犯として逮捕されたが、昭和23年に釈放。

## 笹川《ささがわ》良一《りょういち》　国粋大衆党総裁・超国家主義者　（1899〜1995）

昭和6年国粋大衆党を結成し総裁となる。昭和7年大阪府に防空飛行場を建設し軍に献納した。昭和14年にはイタリアに渡りムッソリーニと会見。昭和17年の翼賛選挙で衆院議員に当選する。

戦後A級戦犯容疑で逮捕されるが、これは自ら志願したといわれている。釈放後、全国モーターボート競走会連合会、日本船舶振興会の会長。海の科学館などにも関係する。国連平和賞受賞。

笹川良一

## 下村《しもむら》　宏《ひろし》　朝日新聞社副社長　（1875〜1957）

下村　宏

明治31年東大政治学科を卒業し、逓信省に入る。大正4年に台湾総督府民政長官に就任し植民地行政に携わった。大正10年退官し朝日新聞社に入社。昭和5年には副社長となり、昭和11年退社。昭和12年貴族院議員となり日本放送協会会長となる。昭和20年鈴木内閣の国務相兼情報局総裁として迎えられ、ポツダム宣言受諾の実現に努力した。

**進藤《しんどう》一馬《かずま》**　玄洋社社長　（1904〜1992）

進藤一馬

昭和4年中野正剛の秘書となり、のちに中野が結成した東方会の総務部長を務める。昭和10年九州日報の取締役となり、昭和19年玄洋社の社長となる。戦後A級戦犯容疑で逮捕されるが不起訴。自民党の衆院議員を務め、昭和47年福岡市長に当選した。

**塩野《しおの》季彦《すえひこ》**　検事総長・法相などを歴任　（1880〜1949）

塩野季彦

明治39年東大を卒業し司法官試補となる。昭和2年東京地裁検事正に任命され、昭和12年林内閣の法相に就任。第1次近衛内閣でも留任し、平沼内閣では司法相兼逓信相を務めた。

## 四王天延孝《しおうてんのぶたか》

陸軍中将（1879〜1962）

四王天延孝

日本における反ユダヤ協会会長。陸士・陸大卒業。少将に昇進した大正13年国際連盟陸軍代表、翌14年同空軍代表も兼務。昭和4年8月中将に昇進して予備役編入。その後帝国飛行協会専務理事を務めたあと17年5月〜20年12月衆院議員。A級戦犯容疑で逮捕されたが22年に釈放。

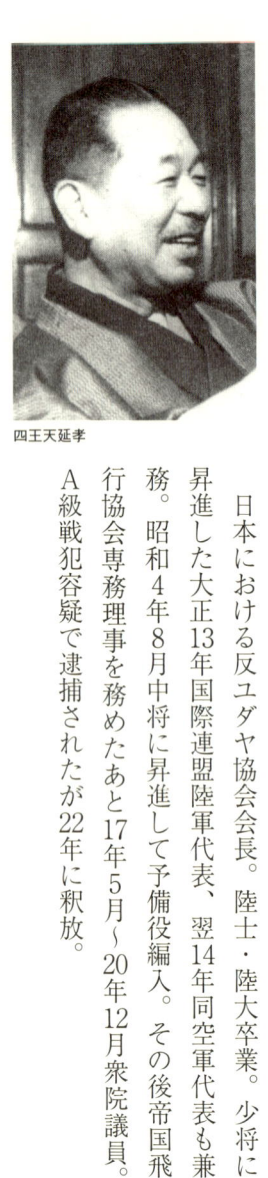

## 正力松太郎《しょうりきまつたろう》

読売新聞社社長（1885〜1969）

正力松太郎

明治44年東大法科を卒業し、内務省に入る。有能な警察官僚として活躍した。大正13年退官し読売新聞社社長に就任。同社の経営不振を払拭した。昭和15年大政翼賛会総務となる。昭和19年貴族院議員となり小磯内閣の顧問に就任した。戦後A級戦犯容疑で逮捕されるも不起訴となり、釈放後日本テレビ放送網を設立。自民党から衆院議員に立候補し当選5回。

国家公安委員長、科学技術庁長官、原子力委員長を歴任した。

### 多田《ただ》　駿《はやお》　陸軍大将　（1882〜1948）

大正２年陸大を卒業後、参謀本部に勤務。昭和７年満州国軍最高顧問に就任した。昭和10年支那駐屯軍司令官になり、北支治安工作を行う。11年４月中将になり、第11師団長、参謀次長、第３軍司令官、北支那方面軍司令官を歴任し、昭和16年７月大将になり軍事参議官、そして同年予備役に編入された。

多田　駿

戦後A級戦犯容疑で逮捕され、昭和23年12月24日に不起訴で釈放が決定。しかし、その１週間前の12月16日胃がんで死去。

### 高橋三吉《たかはしさんきち》　海軍大将　（1882〜1966）

明治34年海軍兵学校を卒業し、日露戦争では戦艦「敷島」の分隊長として日本海海戦に参加した。昭和７年軍令部次長となり、軍令部の独立を図った。昭和９年連合艦隊司令長官に就任。昭

高橋三吉

和11年軍事参議官となり、14年4月予備役。興亜同盟副総裁。昭和23年12月までスガモプリズンに拘置される。

**高地《たかち》茂都《しげと》**　陸軍少将　（生没年不詳）

陸士27期、陸大37期の高地は昭和17年8月に少将に昇進、翌18年8月に朝鮮憲兵隊司令官に就任、終戦を迎えた。

**谷《たに》　正之《まさゆき》**　駐米大使も務めた外交官　（1889～1962）

谷　正之

東大を卒業後外務省に入る。在外公館勤務のあと昭和5年アジア局長、満州国大使兼同国参事官。米内内閣の外務次官、東条内閣の情報局総裁。17年に東郷外相の辞任を受けて外相も兼任。18年に駐華大使として中国に渡り、敗戦。戦後、公職追放解除後、外務省顧問、駐米大使などを務める。

## 徳《とく》富《とみ》猪《い》一郎《いちろう》　ジャーナリスト（1863~1957）

徳富猪一郎

ペンネーム徳富蘇峰。代表的な国家主義的ジャーナリスト。明治44年貴族院議員になるが、大正2年に政界を離れる。以後、評論家として活動する。戦前は国家的人気を誇る思想家で、皇室中心主義による挙国一致をとなえた。昭和17年には大日本言論報国会、日本文学報国会の会長に就任した。戦後、公職追放を受け、熱海に蟄居《ちっきょ》する。

## 豊《とよ》田《た》副《そえ》武《む》　海軍大将（1885~1957）

豊田副武

海軍大学校を卒業後大正8年からイギリスに駐在。連合艦隊参謀長を経て昭和10年軍務局長に就任。昭和12年第4艦隊司令長官となる。以後、第2艦隊司令長官、艦政本部長、呉鎮守府司令長官、横須賀鎮守府司令長官などを歴任して昭和

19年連合艦隊司令長官に就任。マリアナ沖海戦、レイテ沖海戦、戦艦「大和」沖縄海上特攻作戦を指揮し、昭和20年５月軍令部総長。Ａ級戦犯容疑で逮捕されたが、特設の「ＧＨＱ裁判」で無罪判決。

### 津《つ》田《だ》信《しん》吾《ご》　鐘淵紡績社長（１８８１～１９４８）

津田信吾

明治40年慶応大学を卒業後、鐘淵紡績に入社。昭和５年社長に就任。昭和13年鐘淵実業を創立し、重工業、金属工業、航空工業にも手を伸ばした。太平洋戦争が始まると中国大陸にも進出した。戦後Ａ級戦犯容疑で逮捕されたが、脳出血で倒れ出所、のち死去した。

### 後《うし》宮《ろく》　淳《じゅん》　陸軍大将（１８８４～１９７３）

大正６年陸軍大学校を卒業。昭和９年参謀本部第３部長となる。以後、人事局長、軍務局長、第26師団長、第４軍司令官、南支那方面軍司令官、支那派遣軍総参謀長、中部軍司令官を歴任し

た。昭和19年東条英機が参謀長を兼任した際、参謀次長を2人制にし、後宮は第1参謀次長となりマリアナ作戦などを指導した。その後第3方面軍司令官となり満州で終戦を迎えた。シベリアに10年以上抑留され、昭和31年に帰国した。

後宮　淳

## 横《よこ》山《やま》雄《ゆう》偉《い》（1882〜没年不詳）

戦時中名を知られていた怪人物。福岡県生まれ。玄洋社の社員となり、頭山満や後に外相、首相となる広田弘毅らの知遇をえて、上京後は早稲田大学に学び、政論雑誌を主宰して憲政擁護運動に参加。尾崎行雄や後藤新平の側近として活動する一方、床次竹二郎や久原房之助、田中義一ら政界有力者のあいだで活躍した。帝国ホテルに個人事務所を構え、広田などを通じて外務省やドイツ大使館から情報を入手したほか、陸軍憲兵隊や特務機関とも密接な関係をもっていた。

# 国際検察局が追加逮捕した大物戦犯容疑者

## 【昭和20年12月6日に逮捕命令〈第4次戦犯指名〉9名】

**木戸幸一**　（A級戦犯被告　Ｐ１０４参照）

**大島　浩**　（A級戦犯被告　Ｐ１２２参照）

### 近衛文麿《このえふみまろ》　元首相　（1891～1945）

近衛家は摂政関白を出す公家最高の家柄。大正5年貴族院議員となり、大正8年のパリ講和会議には西園寺公望全権に随行した。昭和8年貴族院議長となる。昭和12年第1次近衛内閣を組織し、大臣経験なしで首相になる。昭和14年1月内閣総辞職。昭和15年7月第2次近衛内閣が発足。

近衛文麿

昭和16年7月18日、松岡洋右外相を更迭するために内閣総辞職した。すぐさま第3次近衛内閣を組織したが、10月18日、東条英機陸相による総辞職か国策要綱に基づく開戦かの要求に屈して総辞職した。太平洋戦争が終結すると、東久邇宮内閣で国務大臣を務めた。その後A級戦犯に指名されたが出頭日に服毒自殺をした。

## 酒井《さかい》忠正《ただまさ》

貴族院副議長　（1893〜1971）

京大卒業。国粋主義的思考から安岡正篤の金鶏学院を後援していたが、昭和7年に安岡と国維会を結成する。のち阿部信行内閣の農相。戦時中は翼賛会総務、食糧増産供出本部総裁などを務め、昭和19年に貴族院副議長に推された。戦犯容疑者から釈放後は日本相撲協会会長や横綱審議会委員長を務める。

酒井忠正

## 大河内《おおこうち》正敏《まさとし》

理研社長　（1878〜1952）

明治36年東大工学部造兵学科卒業。大正3年助教授となり、のちに教授となる。大正10年から理科学研究所の所長となり、自由な研究室制度を採用し国際的研究機関に育てた。研究成果を事業化するため次々に会社を設立し、その後76にものぼる会社を興し、理研を新興財閥の一角にまで押し上げた。昭和13年貴族院議員。戦後、A級戦犯容疑で逮捕されたが5か月で釈放された。

大河内正敏

## 緒《お》方《がた》竹《たけ》虎《とら》　朝日新聞副社長　（1888〜1956）

緒方竹虎

明治44年に早大専門部卒業。大阪朝日新聞に入社した大正14年に東京朝日新聞の編集局長となり、昭和11年朝日新聞の主筆となる。昭和15年大政翼賛会総務、昭和18年、朝日新聞副社長。昭和19年政界に転出、小磯内閣の国務相兼内閣情報局総裁を務めた。鈴木内閣の内閣顧問、戦後初の東久邇内閣では国務大臣兼内閣書記官長を務めた。

## 大《おお》達《だち》茂《しげ》雄《お》　内相　（1892〜1955）

大達茂雄

大正5年東大法科を卒業し、内務省に入省。地方局財務課長を皮切りに、福井県知事、満州国法制局長、同国務院総務庁長、内務次官、昭南特別市市長を歴任した。初代東京都長官に就任した。学童疎開や建物疎開を促進し、上野動物園の動物の毒殺も命じた。昭和19年小磯内閣の内務大臣に就任した。

## 伍堂卓雄《ごどうたくお》 商工相・鉄道相を歴任 (1877～1956)

伍堂卓雄

明治34年東大工科造兵学科を卒業後、海軍造兵中技師、海軍大学校教官などを経て、大正13年、海軍中将となる。昭和3年満州の昭和製鋼所社長に就任し、翌昭和4年に満鉄理事。昭和12年林内閣で商工相兼鉄道相を務めた。昭和13年東京商工会議所会頭に就任。昭和14年阿部内閣の商工相兼農林相となる。以後、日本能率協会会長、商工組合中央会会頭を歴任。昭和20年軍需省顧問に就任した。

## 須磨弥吉郎《すまやきちろう》 スペイン公使 (1892～1970)

須磨弥吉郎

大正8年中央大法律学科卒業後、外務省に入省。広東領事を経て、昭和8年南京総領事に就任。昭和10年から兼任大使館1等書記官、米大使館参事官、外務省の情報部長を歴任した。スペインを拠点に米の情報を収集することを構想し、昭和15年「東機関」を開設。その指揮のためスペイン公使に就任。在任中に終戦を迎えた。

**【昭和21年3月16日逮捕命令1名】**

**永野修身**（A級戦犯被告　P118参照）

**【昭和21年4月7日逮捕命令1名】**

**岡　敬純**（A級戦犯被告　P124参照）

**【昭和21年4月29日逮捕命令2名】**

**梅津美治郎**（A級戦犯被告　P140参照）

**重光　葵**（A級戦犯被告　P128参照）

本項執筆・平塚敏克（太平洋戦争研究会）

# A級戦犯容疑者の相次ぐ自殺

## 「生きて虜囚の辱を受けず、死して罪禍の汚名を残すこと勿れ」

### 自決できなかった東条元首相

太平洋戦争開戦時の首相だった東条英機《とうじょうひでき》元首相に逮捕命令が出されたのは、昭和20年（１９４５）9月11日午前11時だった。逮捕を命じられたポール・クラウス中佐ら米軍のＭＰ（憲兵）が、東京・世田谷の東条邸にやってきたのは午後4時ごろである。この間、マッカーサー司令部（のちのＧＨＱ）は午後2時に東条大将を逮捕すると記者たちに発表していたから、クラウス中佐が乗り込んだときには東条邸は先回りした記者たちでごった返していた。

東条大将は軍服に着替えて待っていた。連行状を持参してマッカーサー司令部に来るよう玄関先で命じるクラウス中佐に、東条大将は「いますぐ行くからちょっと待ってくれ」と言って応接間に引っ込み、心臓めがけて拳銃の引き金を引いた。

すぐに玄関を蹴破ってＭＰが躍り込む。銃弾は急所をはずれており、東条大将の意識もはっき

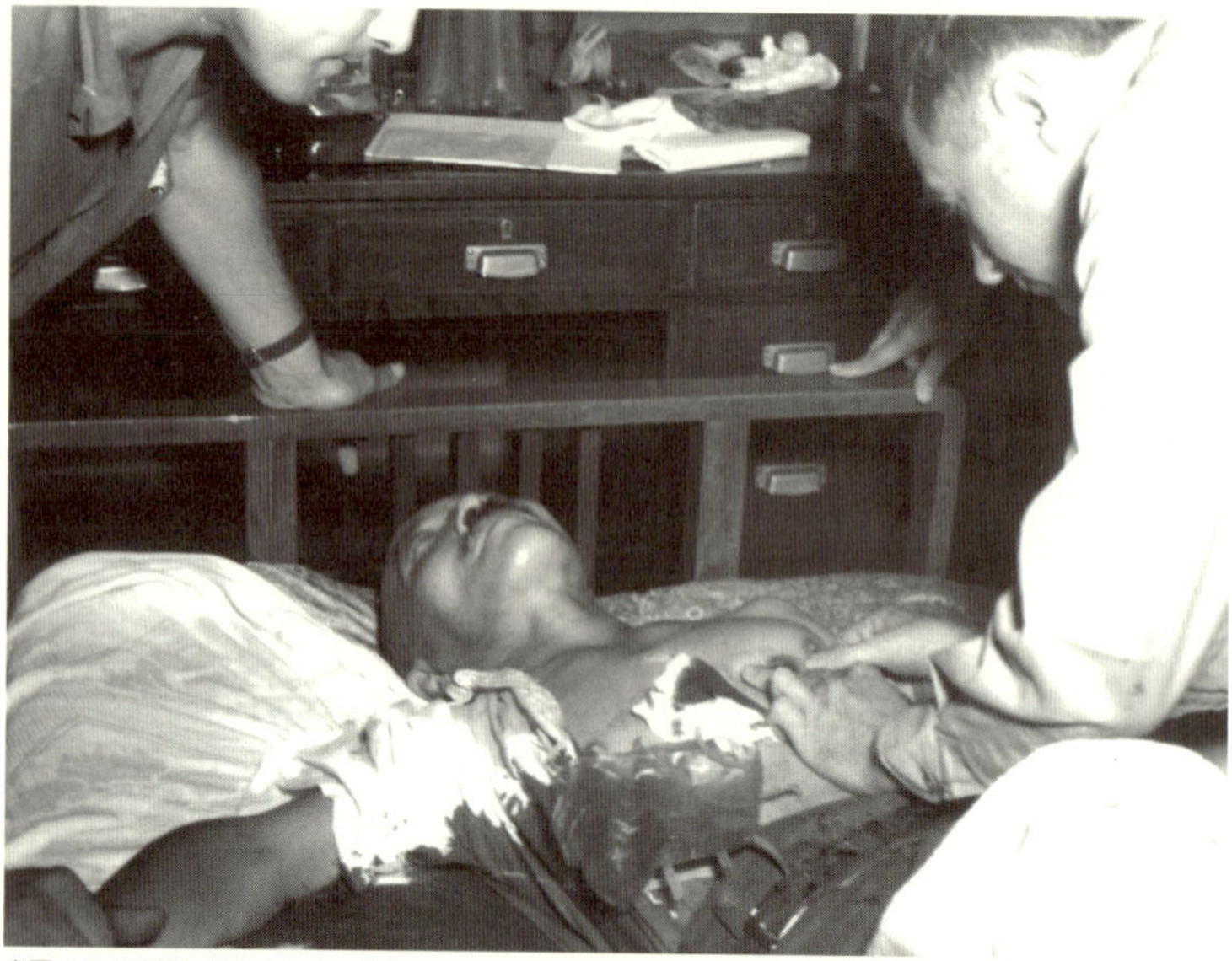

米軍ＭＰが逮捕に訪れたとき、東条大将はかねての覚悟どおり拳銃を心臓に突きつけ、引き金を引いた……。写真は自宅の応接室で自決をはかった直後の東条元首相。米軍はただちに救急車を呼び、横浜の米軍野戦病院に運んで緊急手術を施し、東条ははからずも一命を取り止めてしまった

りしていたが、重体であることに変わりはない。ただちに救急車が呼ばれて横浜の米軍野戦病院に収容された。

記者たちが待ち構えるなかで連行されるのは東条大将のプライドが許さなかった。こうした事態を予想して、東条大将は「まずピストルを肌身離さずもち、医師に心臓の上に墨で○印をつけて貰っていた。風呂のあとでは書きなおしていた。軍刀も勿論《もちろん》手近に置き、更に愛用のパイプには青酸加里《せいさんカリ》をつめて万一にそなえた」（塩原時三郎弁護人の談話。朝日新聞法廷記者団著『東京裁判』東京裁判刊行会刊）そうだ。しかしマッカーサー元《げん》帥《すい》は「殉教者にしてはならない」と厳命、懸命な治療が施され、一命を取り止めた。

東条大将は「生きて虜囚《りょしゅう》の辱《はずかしめ》を受け

ず、死して罪禍《ざいか》の汚名を残すこと勿《なか》れ」と軍人精神を強調した戦陣訓《せんじんくん》を発表（昭和16年1月）したときの陸軍大臣であったから、自殺未遂は「狂言だ」「茶番だ」と世論に厳しく批判されることになった。

## 出頭を拒否した東条内閣の2閣僚

東条大将が自決に失敗した翌日、嶋田《しまだ》繁太郎《しげたろう》海軍大将（開戦時の海相）が東京・高輪の自宅で逮捕された。このあと、日本政府は外相を通じて「戦犯容疑者の拘束は日本側で行いたい」と申し入れ、米側も了承したので、以後は連絡を受けた容疑者が米軍に出頭するかたちとなった。

最初に逮捕が発令された戦犯容疑者は9月30日までに出頭してきたが、小泉親彦《こいずみみちひこ》元厚相、橋田《はしだ》邦彦《くにひこ》元文相の2名は出頭を拒み自殺している。

自刃した小泉親彦軍医中将

小泉親彦元厚相は東京帝大医学部出身。陸軍の軍医となり近衛師団の軍医部長、陸軍省の医務局長などを歴任、軍医の最高位である中将まで昇り詰めている。昭和16年7月、第3次近衛《このえ》文麿《ふみまろ》内閣に厚生大臣で入閣して以来、東条内閣発足後も留任し、内閣が崩壊する19年7月18日まで厚相を務めた。東条内閣の全期間を通じて閣僚を務めたのは、東条大将を除けば小泉軍医中

服毒自殺した橋田邦彦元文相

将と岩村通世《いわむらみちよ》司法大臣、星野直樹《ほしのなおき》内閣書記官長の3人だけである。小泉元厚相は出頭命令を受けると、9月13日夜に自刃した。

橋田元文相も東京帝大医学部を卒業した。今でも使われる言葉「科学する心」は橋田元文相が発案したものだという。

医師・生理学者としても著名で、東京帝大教授を経て旧制第一高等学校の校長を務めている。そのため、昭和15年7月、第2次近衛内閣が発足すると文部大臣に迎えられた。第3次近衛内閣、東条内閣でも留任し、昭和18年4月まで2年9か月にわたり文相のポストにあった。

また、戦時下の青少年に対する訓練、奉仕活動を行う目的でつくられた大日本青少年団（16年1月発足）の初代団長も務めた。敗戦後、戦犯容疑者となり出頭が命じられると、9月14日、橋田元文相は青酸カリを仰いだ。

## 杉山元帥夫妻の最期と本庄大将の自刃

杉山元《すぎやまはじめ》陸軍元帥が東京・牛込の第1総軍司令部で自殺したのは、9月12日のことである。杉山元帥は米軍が最初に作成した逮捕者リストに名前がなかった（第2次リストには記載されていた）が、満州事変のときは陸軍次官、盧溝橋《ろこうきょう》事件当時の陸軍大臣、そして太平洋戦争開戦時の参謀総

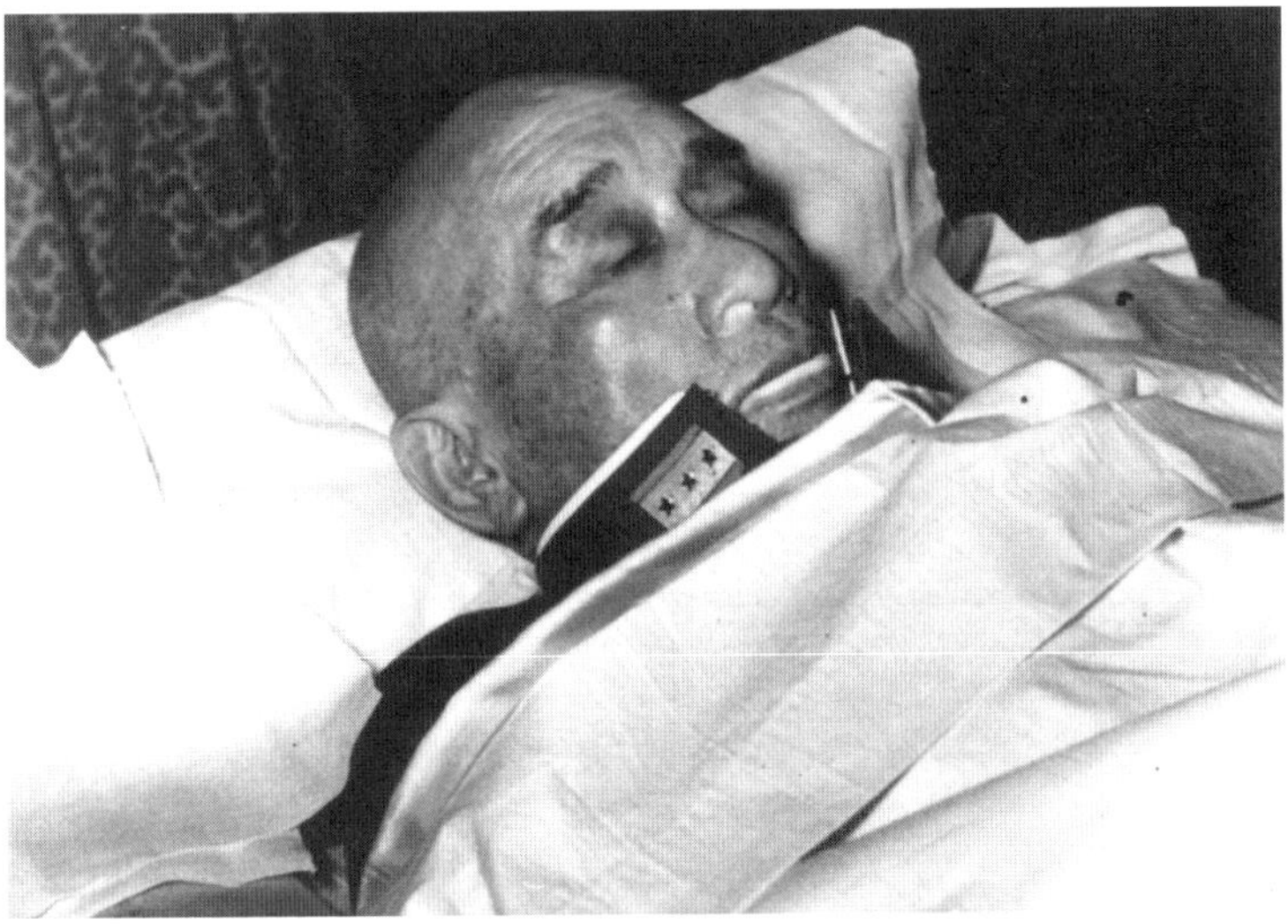

拳銃弾を胸に撃ち込んで自決した杉山元元帥

長であり、A級戦犯として訴追されるのは必至だったろう。

「カミソリ」の異名をとっていた東条大将とは対照的に、杉山元帥は「グズ元」と呼ばれていた。満州事変のときは正当防衛を、盧溝橋事件では戦線の拡大を、太平洋戦争でも開戦を主張した。しかし、積極的に自らの意見を語るわけでもなく、強いリーダーシップを発揮して組織を引っ張っていくのでもない。仕事は部下に任せて責任は自分がとる、というタイプであった。

日本の敗戦が決まったときから、杉山元帥は自決しようと考えていた。しかし、8月15日に陸相の阿《あ》南《なみ》惟幾《これちか》大将が割腹自殺したため、陸軍の長老として死ぬわけにはいかなかったのだという。9月12日、ようやく〝チャンス〟がめぐってきて司令官室にこもった杉山元帥は、拳銃を左胸に押し当てて撃とうとしたが、引き金が

自刃した本庄繁大将

動かない。部下を呼んで「弾が出ない」とたずねると、安全装置がかかったままだった。安全装置をはずしてもらい、ふたたび1人となった杉山元帥は、心臓に4発の銃弾を撃ち込んで絶命した。

　東京・世田谷の自宅にいた啓子夫人は、副官から元帥が自決したことを知らされた。このあと、白装束に身を包んだ啓子夫人は仏間に入り、短刀で心臓をつらぬき後を追った。啓子夫人は終戦直後から夫の自決を望んでいたという。

　満州事変当時の陸軍関係者が次々と拘束されていくなか、11月20日には満州事変勃発時の関東軍司令官・本庄繁《ほんじょうしげる》大将（当時中将）が自殺した。本庄大将は満州事変後、その〝功績〟が認められて侍従武官長となった。しかし、2・26事件のときに反乱将校に同情的だったことで昭和天皇の不興を買った。また女婿《じょせい》の山口一太郎《やまぐちいちたろう》大尉が間接的に事件に連座していたことから、事件後に侍従武官を辞任し第一線を退いていた。

　戦犯として逮捕命令が出されたことを知らされると、本庄大将は「かねてから覚悟はしていた。十分責任を感じている」と言い残し、東京・青山の旧陸軍大学校内に置かれた補導会理事長室で自刃した。

## ＧＨＱから見放された近衛元首相の自殺

近衛文麿元首相に逮捕令が出されたのは12月6日だった。近衛元首相は日本を終戦に導いたキーマンの1人で、敗戦後はマッカーサー元帥とも会談している。このとき憲法改正を示唆され、内大臣府御用掛《ごようがかり》の肩書きで試案をまとめていた。占領下でも活躍できると信じていたようだ。

30歳で貴族院議長になるなど、近衛元首相は「青年貴族」として国民的人気を博していた。しかし、第1次近衛内閣のときに盧溝橋事件が起こり、積極的に華北（北京周辺）への出兵を推進している。またこの内閣では戦時体制の基礎となる国家総動員法などを成立させた。さらに「爾《じ》後《ご》国民政府（蔣介石《しょうかいせき》）を対手《あいて》とせず」との声明を出して日中戦争を泥沼化させた張本人の1人だった。

第2次近衛内閣では日独伊3国同盟を結び、続く第3次近衛内閣では南部仏印進駐を行うなど、日米開戦の直接原因をつくっている。こうした戦前の行動が近衛元首相の逮捕令へとつながったのである。独自の憲法改正案もＧＨＱからは無関係だと突っぱねられた。

逮捕令が出されたとき、近衛元首相は軽井沢の別荘に滞在していた。東京に戻ったのは12月10日だったが、すぐに帰宅せず、知人宅に身を寄せた後、14日に荻外荘《てきがいそう》と呼ばれた荻窪の自宅に帰った。翌15日、出頭期限を翌日にひかえた夜に近衛元首相は近親者や友人・知人を集めた。深夜までおおいに歓談し、床についたのは午前3時だった。16日午前6時、隣室の電灯がつけっぱなしになっているのを不審に思った夫人が寝室を覗くと、近衛元首相は白装束に身を包んで息絶えていた。死因は青酸カリによるものだった。

本項執筆・大原徹（太平洋戦争研究会）

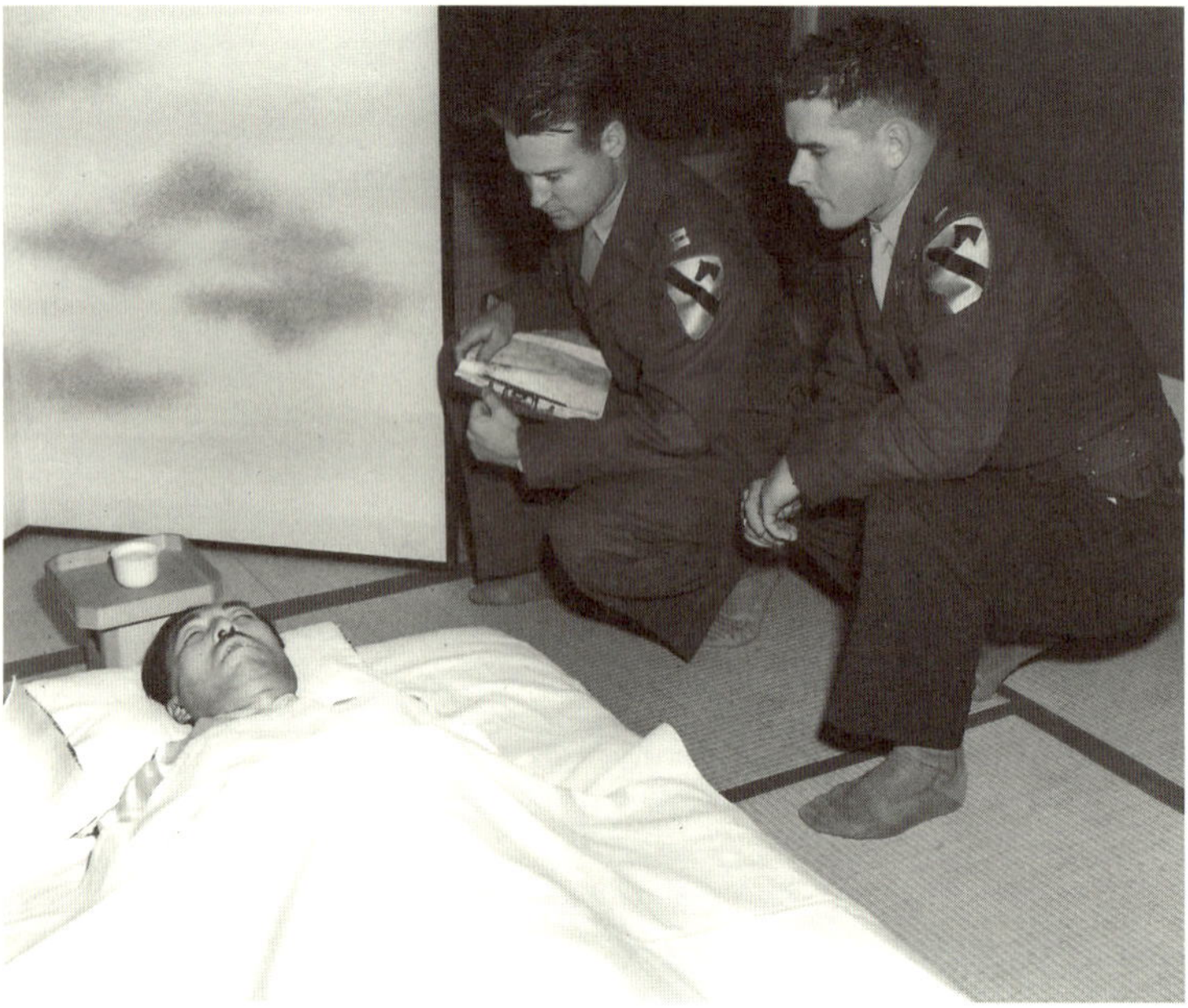

服毒自殺をした近衛文麿元首相の死亡を検証する米軍医

# 逮捕寸前だった朝香宮陸軍大将

昭和20年（1945）12月2日、近衛文麿元首相など59名に逮捕令が出た。そのなかでもっとも注目を浴びたのが皇族の梨本宮守正《なしもとのみやもりまさ》殿下（元帥、軍事参議官）だった。

梨本宮は元帥とはいえ、戦時中は軍務にまったく関係していなかった。大日本武道会とか大日本警防協会といった団体の総裁をしていたが、実際は名誉職で、活動はなにもしていなかった。その梨本宮になぜ逮捕令が出されたのか……。皇族が逮捕されるのは、いずれ天皇にも手がおよぶ伏線ではないのかと見られたのだ。

梨本宮は出頭期限最終日の12月12日午前8時20分、一番乗りでスガモプリズンに出頭した。ところが翌21年4月13日、突然釈放された。誤認逮捕だったらしいのだ。

自宅に戻った殿下は、新聞記者らに感想を求められると、「疲れたね、いま風呂に入って4か月ぶりにシャボンを使ったよ」といい、苦笑したという。

一方、同じ皇族である東久邇宮稔彦《ひがしくにのみやなるひこ》大将と、その兄である朝香宮鳩彦《あすかのみややすひこ》大将は逮捕寸前にあった。

東久邇宮は本土防衛の防衛総司令官だったから、日本空襲で撃墜された米軍パイロットの処刑問題の最高責任者としてにらまれていた。だが、皇族戦犯第1号で逮捕した梨本宮はどうやら誤認逮捕で、早々に釈放しなければならなくなっていた。物笑いになるのは1度でいいと、キーナン

朝香宮鳩彦大将

東久邇宮稔彦大将

梨本宮守正元帥

検事は東久邇宮の逮捕をあきらめた。だが、朝香宮は別だった。

　朝香宮は東京裁判で最重要視されている「南京事件」の際の指揮官だったからだ。すなわち日本軍による住民虐殺が起きた昭和12年の南京攻略戦のとき、朝香宮中将（当時）は中支那方面軍司令官松井石根大将麾下《きか》の上海派遣軍司令官だった。そして同軍団は南京警備を担当し、事件を起こした部隊は直属の師団だった。当然、国際検察局の視線は朝香宮に注がれていた。

　検察陣の動きをキャッチした日本政府筋は、逮捕取りやめ工作を必死で行った。その効あって、キーナン検事は自ら朝香宮邸に出かけ、2回の取り調べを行った。その結果、論議の末に起訴中止となった。その背景には梨本宮問題があり、さらに最高司令官だった松井容疑者が、すべての責任を背負う覚悟を決めていたことなどがあったからといわれている。

法廷での東条英機元首相

# 第3章

## A級戦犯28被告の横顔

A級戦犯被告の最終決定は、昭和21年3月2日に設立された国際検察局執行委員会が行い、これを各国検事で構成された参与検察官会議にかけて最終決定案として、マッカーサー司令官が承認するという手順でなされた。

死刑囚を出すかもしれない戦犯選びは、絶対的なものではなく、きわめて曖昧で恣意的な根拠によるものだった。

100名を超す容疑者の中から選定された28名のA級戦犯被告。あまりにも有名なこの「A級戦犯」たちの実際の素顔は一体どんなものであったのか。この章では28名1人ひとりの略歴とその横顔を紹介し、なぜ起訴されたのかを探っていきたい。

## ① 荒《あら》木《き》貞《さだ》夫《お》

陸軍大将

（1877～1966）

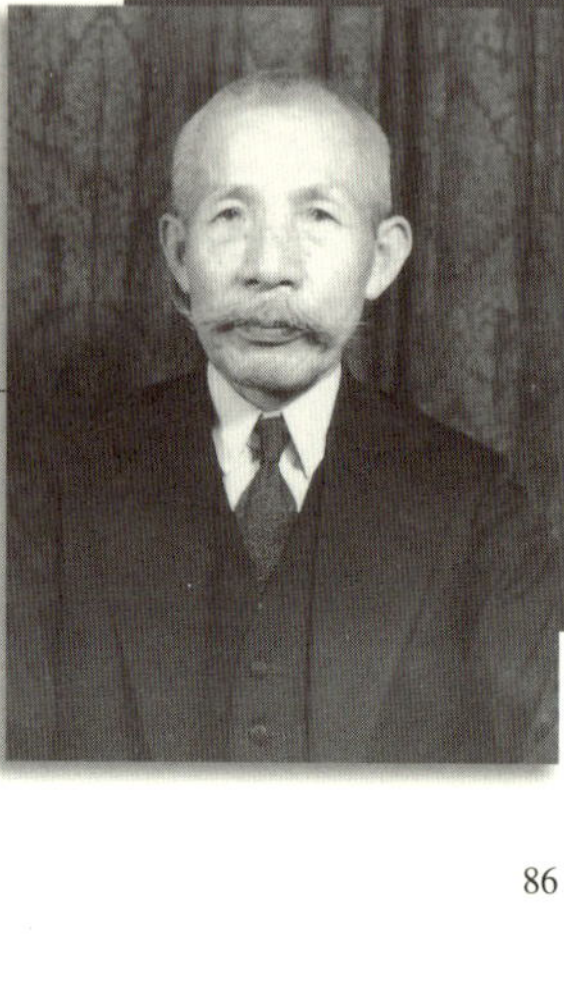

## 青年将校に人気のあった皇道派の首領

八の字ヒゲがトレードマークの荒木は、満州事変後、陸軍部内の革新派の第一人者として、青年将校の間に隠然たる勢力を誇るようになっていた。荒木は明治10年5月26日、小学校校長で旧一橋家家臣だった荒木貞之助の長男として生まれた。その後は略歴が示すように出世街道をひた走り、つねに軍の中枢にいた。

荒木は日本が国際連盟を脱退した昭和8年当時、脱退論をあおって政官界を引きずり、日本を孤立化へ追い込んだ1人である。そして陸軍の政界進出は5・15事件を契機としているが、その推進者は陸相当時の荒木と真《ま》

**終身禁錮刑**

東京都出身・裁判当時69歳、男爵。陸士・陸大卒。駐露武官、憲兵司令官、陸大校長、第6師団長、教育総監部本部長、犬養内閣と斎藤内閣で陸相、軍事参議官、内閣参議、第1次近衛内閣と平沼内閣で文相、昭和11年3月予備役。

崎《ざき》甚三郎《じんざぶろう》参謀次長、林銑十郎《はやしせんじゅうろう》教育総監の3人だった。

皇道派の橋本欣五郎《はしもときんごろう》中佐、長勇《ちょういさむ》中佐といった青年将校たちが、軍部独裁政権を狙ってクーデターを計画した3月事件、10月事件は、この荒木・林・真崎の3大将を政権の中枢に据えようとしたものであったが、計画は露見していずれも失敗に終わっている。もっとも荒木は、熱烈な天皇中心主義者だったが、青年将校たちが非合法な手段に訴えることはあまり好まなかった。

昭和11年に起きた2・26事件のときは軍事参議官という閑職だったが、皇道派の首領として青年将校たちをバックアップしていたのではないかと疑われた。しかし軍の長老のなかでは、いちばん明確に反乱将校に原隊復帰を呼びかけたという。

荒木の皇道思想は知られるところで、東京裁判の法廷でも、荒木の菅原裕弁護人は、検事から「荒木は侵略思想を宣伝し、教育・鼓吹した」と指摘されるや、それを全面否定して、

「荒木の宣伝したのは侵略ではなく皇道であって、侵略思想とは正反対の日本古来の精神主義である」

と弁論しているくらいだ。

だが荒木は、この2・26事件後の粛軍で予備役に退《ひ》かされ、第一線からは消えていった。

# ② 土《ど》肥《ひ》原《はら》賢《けん》二《じ》（1883～1948）

陸軍大将

## 「満州のローレンス」といわれた男

土肥原の経歴で際だっているのは、中国での特務機関などのいわゆる諜報・謀略機関の責任者としての期間が長いことである。そのため陸軍屈指の中国通といわれ、その活躍した舞台から「満州のローレンス」などとも呼ばれていた。

大佐だった満州事変当時は奉天特務機関長としてもっぱら謀略に明け暮れ、中国人からは土匪源《どひはら》の異名で怖れられていた。そして関東軍が奉天（瀋陽）を占領した当初の昭和6年9月から10月まで奉天市長も務めた。このとき土肥原は、歴史に残る2つの事件に携わる。

### 絞首刑

岡山県出身・裁判当時62歳。陸士・陸大卒。在満州奉天特務機関長、ハルビン特務機関長などを務め、留守第1師団長、第14師団長、第5軍司令官、航空総監、東部軍司令官、第7方面軍司令官、教育総監などを歴任。

1つは関東軍が清朝の廃帝・溥儀《ふぎ》を執政（のち皇帝）として満州国建国を企図したとき、溥儀を天津から連れ出したこと、もう1つは華北分離工作を積極的に推進したことで、察哈爾《チャハル》事件をきっかけとして土肥原・秦徳純協定（昭和10年）と呼ばれるものを強引に締結したことである。

土肥原の華北分離工作とは、河北省内に冀東防共自治政府を成立させ、国民政府からの離脱宣言をさせて、満州国の隣にもう1つの小満州国をつくろうとした謀略のことである。こうした一連の強引な謀略の頭目だった土肥原を、中国人は土匪源と呼んだのだ。

昭和7年に少将、11年に中将、16年に大将と順調に昇進をし、この間に旅団長、師団長、軍司令官といった野戦軍指揮官の経験もしたが、それは出世のための形式にすぎず、どちらかといえば実戦部隊を率いるタイプではなく、諜報・謀略を得意とする裏世界の軍人だった。

ところで土肥原は東京裁判の被告選定段階では有力な証拠がなく、当人の自供も得られなかったことから、国際検察局は彼の被告選定には消極的であった。しかし中国代表検事からの強い要求で選ばれ、後述のように絞首刑判決を受けた7人のなかに入れられる。人の生と死は、つねに紙一重にあるということか。

## ③ 橋本《はしもと》欣《きん》五郎《ごろう》

予備役大佐

（1890～1957）

# 「桜会」を結成するも的が外れた大砲屋

「橋欣《はしきん》」といえばクーデターの煽動者というイメージが強い。本来は陸大卒のエリート砲兵科将校なのだが、昭和2年9月にトルコ公使館付武官になるまでは関東軍のハルビン特務機関員、満州里特務機関長など、どちらかといえば軍の裏街道を歩いていた。ところがトルコ駐在のときに、トルコ共和国建国の父といわれる初代大統領アタテュルク（ケマル・パシャ）に傾倒し、人生を大きく変えた。

昭和5年6月に帰国し、参謀本部付となった橋本は、アタテュルクの近代的な国民国家建設運動と橋本独特の天皇帰一主義を結合させた飛躍的国

**終身禁錮刑**

福岡県出身・裁判当時56歳。陸士・陸大卒。参謀本部ロシア班長、満州里特務機関長、トルコ公使館付武官、野戦重砲兵第2連隊長、昭和11年8月予備役。大日本青年党統領、野戦重砲兵第13連隊長、17年衆院議員当選。

家体制なるものを提唱しはじめた。そのとき中佐だった橋本は若手将校たちを糾合して桜会を結成した。

そして翌6年に桜会を中心に3月事件、10月事件と呼ばれるクーデターを計画したが、いずれも事前に情報が漏れて失敗、重謹慎処分を受けた。その後、野戦重砲兵第2連隊長になって大佐に進級したが、昭和11年の2・26事件後の粛軍人事で予備役に編入され、国家社会主義系右翼らと大日本青年党を結成して統領におさまった。

しかし、日中戦争が始まると召集されて野戦重砲の連隊長として出征、揚子江を航行していた英艦「レディバード」号を砲撃する事件を起こす。もちろんイギリスは日本の交戦相手ではないから外交問題となり、橋本は退役させられた。

退役後の橋本は大日本赤誠会をつくり、昭和17年5月の総選挙に出馬して当選、また大政翼賛会壮年団本部長なども務め、もっぱら政治活動に従事した。

彼の政治好きはA級戦犯から釈放された後も続き、戦後の昭和31年には参院全国区に出馬したが、惨敗だった。その年の暮れ、肺がんと診断されて闘病生活に入った。彼には釈放後に結婚した3度目の妻がいたが、臨終直前に離婚を申し出て橋本のもとを去っていった。昭和32年6月29日死去、67歳だった。

④

# 畑《はた》 俊六《しゅんろく》

陸軍元帥

（1879〜1962）

## 米内内閣つぶしに担がれた玲瓏将軍

現役時代の畑俊六には頭脳明晰、八面玲瓏《はちめんれいろう》（どこからみても美しいこと）という評価があった。実際、畑は政治色の薄い軍人の1人で、派閥抗争には縁のない人だった。その畑が米内内閣の陸相だった昭和15年7月、単独で辞表を出し、米内内閣を倒閣に追い込んだことがある。

それは米内光政《よないみつまさ》海軍大将が新米英派で、陸軍の推進するドイツとの連携を拒んだからで、畑の行動は陸軍の総意ともいえた。だから、米内内閣倒閣は畑だけの責任とはいえないが、畑にはそうした陸軍の横暴な行き方を断固拒否するという強靱《きょうじん》な思想も独自の政略・戦略もなかった。

### 終身禁錮刑

福島県出身・裁判当時67歳。陸士・陸大卒。砲兵出身の畑は砲兵部隊の連隊長、旅団長などを歴任して大将にのぼりつめる。その間台湾軍司令官、教育総監を務め、中支那派遣軍司令官、陸相、第2総軍司令官。

冒頭にも記したように頭脳明晰な畑は、陸大を最優秀の軍刀組で卒業した。そして昭和８年８月に第14師団長に就任、第１次上海事変に出動した。帰還後は航空本部長、台湾軍司令官、教育総監などを歴任して昭和12年11月に大将に昇進、14年８月に阿部内閣の陸相になった。

当時、陸軍の若返り人事が叫ばれ、陸士16期の板垣前陸相の後任は17期以降の者と噂されたが、予想に反して12期の畑が陸相になったのは、陸軍統制派の横暴を抑制するため昭和天皇が同派の穏健分子である畑を指名したのだといわれている。

しかし、次期の米内内閣でも陸相を続けた畑は、前記のように単独で辞表を捧呈、非戦派の米内内閣を瓦解させて好戦派の過激分子に開戦の途を開くという結果を招いた。八面玲瓏の人ではあったかもしれないが、国の将来を見通す強い指導者ではなかったようだ。

ところで畑は、日中戦争勃発に際しては武漢作戦時の中支那派遣軍司令官であり、16年３月から19年11月までは支那派遣軍総司令官だった。裁判ではこの２つの司令官時代に、日本軍が中国各地で引き起こした残虐行為を停止させる処置をとらなかったことと、米内内閣つぶしの中心人物であったことが問題にされた。

## ⑤ 平《ひら》沼《ぬま》騏《き》一郎《いちろう》 元首相 (1867～1952)

### 超保守主義者の首領が残した情けない言葉

　明治21年に東大法科卒業と同時に司法省に入り、最初の10年間は判事畑を歩いたが、明治32年から検事に補された。そして大逆事件の主任検事などを務めて暗黒裁判を指揮し、順調に昇進して大正元年に検事総長になり、以後10年間務める。その後大審院長、第2次山本権兵衛内閣の司法大臣となり、政治に足を踏み入れた。

　山本内閣総辞職後の大正15年、神道イズムの鼓吹《こすい》を目標とした国本社《こくほんしゃ》を創立し、社長になる。軍部独裁内閣を企図する陸軍の真崎甚三郎、荒木貞夫、海軍の加藤寛治、末次信正といった〝軍部革新論者〟たちと結びつい

**終身禁錮刑**

岡山県出身・裁判当時78歳、男爵。東大法卒後司法省に入り、大正元年から約10年間検事総長、その後大審院長、司法大臣、国本社社長、会長、日大総長、枢密院議長などを務め、昭和14年1月首相就任も8カ月で総辞職。

たのはこの当時だった。

その後平沼は枢密顧問官になり、昭和11年3月には議長に就《つ》いた。首相になった広田弘毅の推薦だった。広田は右翼団体との関係をいっさい絶つことを平沼に約束させての推薦だったという。平沼は約束を守って国本社を解散した。その国本社こそが将校、高級官僚、枢密院、貴族院などの超保守主義者を網羅したものだったからであり、平沼が政界に隠然たる勢力をもちえた根拠地だった。広田は平沼を日の当たるポストに据えることによって、裏での活動を封じることができると考えたという。

しかし平沼が終生司法官僚ファッショの総帥であり続けたことに変わりはなかった。ポツダム宣言の受諾をめぐる重臣会議で、明確に無条件降伏に反対し、戦争継続を主張したのも平沼だった。

平沼は昭和14年1月5日、近衛内閣の後を受けて首相に就いた。そして大島浩駐独大使、白鳥敏夫駐伊大使たちの執拗《しつよう》な勧めもあって日独伊軍事同盟の締結交渉を行っていたが、同年8月、独ソ不可侵条約が締結されたことに仰天、「欧州の天地は複雑怪奇なり」という情けない言葉を残して退陣した。しかし、政界への未練は強く、第2次近衛内閣の無任所相、内相などに就き、昭和20年には枢密院議長に就いた。

## ⑥ 広《ひろ》田《た》弘《こう》毅《き》

元首相

（1878～1948）

# 軍部独裁の道を開いた首相の器

外交官の道を歩いてきた広田が政界に足を踏み入れたのは、昭和8年9月に斎藤実《まこと》内閣の外相に抜擢されたことが始めだった。広田は続く岡田啓介内閣でも外相を務め、2・26事件後の11年3月、待望の組閣の大命が下った。

しかし、2・26事件で皇道派を追い落とした陸軍の統制派は広田の組閣に介入、陸軍推薦の5名を閣僚に押し込んだ。この組閣人事で軍部と妥協したことが日独防共協定の締結を生み、さらには軍部大臣現役武官制の復活も認めざるを得なくなった。

### 絞首刑

福岡県出身・裁判当時68歳。東大法卒。明治39年外交官領事官試験合格。駐オランダ公使、駐ソ大使などを務め、昭和8年9月外相就任。2・26事件後の昭和11年3月首相。のち第1次近衛内閣で外相に再就任した。

軍部大臣現役武官制というのは、陸軍大臣と海軍大臣を現役の大将・中将に限定した制度で、大正2年に現役規定が外れ、予備役の大将・中将でもなれるようになっていた。その現役制度を復活させたのだ。

昭和11年5月18日に緊急勅令で復活した軍部大臣現役武官制は、時の軍首脳には都合のいい制度だった。軍が気に入らない首相（候補も）には陸海相を推薦しなければ、内閣は組閣できなかったり瓦解する。現に陸軍はこの制度を徹底的に悪用して軍部独裁の政権をつくっていった。畑陸相が辞任し、後任を推薦しなかったため米内内閣が倒れたのはその好例である。東京裁判ではそうした制度を復活させた責任も問われた。

昭和12年1月末、広田内閣はわずか1年足らずで瓦解するが、続く第1次近衛内閣で再び外相に就任、日独伊防共協定を成立させた。さらに日中戦争に突入するや、副総理格の広田は「国民政府を対手《あいて》にせず」という近衛声明に見られる高圧的外交を推し進めて、軍部とともに日本を戦争の泥沼に引きずり込んでいった。

敗色濃厚の太平洋戦争末期、日本政府はソ連を仲介に連合国との和平の道を探った。東郷外相の依頼を受けた広田は、マリク駐日ソ連大使と会って仲介の探りを入れるが相手にされず、逆にソ連参戦で敗戦を迎えたのである。

## ⑦ 星《ほし》野《の》直《なお》樹《き》

満州国総務長官

（1892～1978）

### 大蔵省の逸材から東条の側近へ

　東大を卒業して大蔵省入りした星野は、営繕管財局国有財産課長だった昭和7年（1932）、その財政手腕を買われて建国直後の満州国政府に招かれた。そして財政部理事官を皮切りに総務司長となり、満州国の財政部門で活躍した。4年後の昭和11年には財政部次長になり、さらに翌12年には国務院総務長官となって、同国の内政を事実上牛耳る地位に就いた。

　この満州時代、日本軍のなかでも飛ぶ鳥を落とす勢いの関東軍首脳とも親密な関係をつくり、司令官の菱刈隆、本庄繁大将、参謀長の三宅光治少将、副長だった岡村寧次少将（階級はいずれも当時）などと「満州友の会」

### 終身禁錮刑

神奈川県出身・裁判当時54歳。東大政治学科卒。満州国の財政部次長、国務院総務長官などを務めたあと、第2次近衛内閣のブレーン、企画院総裁兼無任所大臣。勅選議員となり、東条内閣の登場で書記官長。

をつくったりしていた。星野の画策した産業5カ年計画、満州重工業会社の創立、日満統制経済の実現などは、これら軍部人脈の後押しによるものであった。

関東軍参謀長の東条英機と知り合ったのもこのころで、当時、満州国を実質的に支配していた人物を指す言葉の「二キ三スケ」の一角を占めていた。すなわち東条英機、松岡洋右（満鉄総裁）、鮎川義介《あゆかわよしすけ》（満州重工業開発会社総帥）、岸信介《きしのぶすけ》（満州国産業部次長）、それに星野直樹である。

昭和15年7月、第2次近衛内閣に招かれて帰国し、企画院総裁兼無任所大臣に就任して資本と経営の分離などナチスばりの経済新体制を目指したが、自主統制を主張する財界と対立、16年4月に辞職した。

辞職後は勅選の貴族院議員になっていたが、同年10月に東条内閣が誕生すると内閣書記官長として政治の中枢に返り咲き、東条側近として絶大な発言力を保持した。その間、総力戦研究所所長、国家総動員審議会委員などを兼務する。東京裁判当時のマスコミの表現を借りれば、星野の驚異的な頭脳は「ノートをもたねば話せぬ」という記憶力散漫な東条にとって、強力な助力者であったという。

書記官長辞任後は大蔵省顧問などの閑職にあった。

## ⑧ 板垣征四郎《いたがきせいしろう》（1885〜1948）
陸軍大将

### 満州事変を起こした謀略参謀

板垣に対する戦犯容疑の主要部分は、満州事変と満州建国に関する謀略問題だった。満州事変は日本軍が奉天（現瀋陽）郊外の満鉄線を爆破（柳条湖事件）し、それを中国軍の仕業《しわざ》として戦端を開いた。この柳条湖事件から満州建国にいたる一連の謀略を計画・指揮したのが、当時、関東軍の高級参謀だった板垣大佐と作戦主任参謀だった石原莞爾《いしわらかんじ》中佐（のち中将）だった。

実行・板垣、知謀・石原といわれたように、綿密な計画を石原がつくり、板垣がそのねばり強い性格で部下に決行させた。しかし、当時その事実を

**絞首刑**

岩手県出身・裁判当時61歳。陸士・陸大卒。中国情報専門家として中国勤務と参謀本部を往復し、昭和4年5月関東軍高級参謀、のち関東軍総参謀長、陸相を経て朝鮮軍司令官、第7方面軍司令官で終戦。

知っていたのは陸軍部内でもほんの一部で、東京裁判で全容が明るみに出されるや、国民は大きな衝撃を受けた。

満州事変直後の昭和7年8月、少将に昇進した板垣は関東軍司令部付として建国間もない満州国の執政顧問に就き、満州とのかかわりを深めていく。さらにその後も満州国軍政部最高顧問、関東軍参謀副長兼駐満大使館付武官、関東軍総参謀長というぐあいに、満州事変から約6年間というもの関東軍に属していた。

この間、中将に昇進した板垣は13年6月、第1次近衛内閣の陸相となり、続く平沼内閣でも陸相に留任して日独伊3国同盟の締結を強硬に主張した。その後、支那派遣軍総参謀長に転出し、大将になって朝鮮軍司令官となる。

こう見てくると、順調な出世街道を歩んだ軍人ともいえるが、満州事変の発端となった満鉄線爆破の際もそうだが、部下の参謀や少壮の将校たちのいうがままに動くところがあり、「頭に祭り上げられる型の軍人」といわれる所以《ゆえん》である。

A級戦犯容疑者が日本国内で続々逮捕されているとき、第7方面軍司令官の板垣はシンガポールでイギリス軍に身柄を拘束されていた。しかし、東京裁判の被告に選定されたため、急遽、開廷初日の昭和21年5月3日に飛行機で東京へ移送されてきた。

## ⑨ 賀屋興宣《かやおきのり》 蔵相 （1889～1977）

## 戦後も大臣を務めた戦時予算のエキスパート

東京帝大法科大学を卒業して大蔵省入りするという、官僚の典型的なエリートコースを歩いた賀屋は、主計課長、予算決算課長などを経て主計局長にのぼりつめる。この間、予算編成事務に通暁《つうぎょう》している賀屋は、一貫して陸海軍の予算編成を担当していた。そのため自然と陸海軍の少壮幕僚たちと親しくなっていった。

昭和11年に理財局長に転じた賀屋は、翌昭和12年2月に林銑十郎内閣が発足するや大蔵次官に就任した。その林内閣がわずか4か月足らずで瓦解、代わって6月に第1次近衛文麿内閣が登場すると、大蔵大臣に大抜擢され

### 終身禁錮刑

広島県出身・裁判当時57歳。東大法科卒と同時に大蔵省入り。昭和12年6月第1次近衛内閣蔵相、14年8月北支開発公社総裁、16年10月東条内閣蔵相、戦後の池田内閣法相。

た。48歳のときだった。折しも「蘆溝橋の1発」によって日中戦争が起こり、賀屋は得意の予算編成力を駆使して本格的な戦時予算の途《みち》を開いた。賀屋は石渡荘太郎、青木一男とともに〝大蔵省内三羽ガラス〟といわれたが、単なる役人ではなかったのだ。

昭和13年5月に蔵相を辞任し、12月に貴族院議員に勅選された賀屋は、やがて北支那開発会社総裁となった。そして昭和16年10月に発足した東条内閣の蔵相に再び招かれて、今度は日米戦の戦時予算編成に取り組んだ。以来、賀屋の蔵相在任は東条内閣が瓦解する昭和19年7月まで続く。

東条内閣の主要閣僚だった賀屋は、戦時公債を乱発し、増税によって巨大な軍事費中心の予算を組んで東条内閣を支えた。当然、その予算編成は中国の資源収奪や大東亜共栄圏の中心としてのブロック経済を視野に入れたものだった。賀屋がA級戦犯に指名された理由もここにあった。

終身禁錮刑の判決を受けた賀屋は昭和33年に赦免されるや政界に復帰し、第2次、第3次池田内閣の法相を務めた。また自民党右派の長老の1人として台湾擁護の先頭に立つなど、A級戦犯としては戦後の政界でもっとも長く活躍した1人である。

昭和47年に議員活動からは退いたが、「自由日本を守る会」をつくって政治活動は生涯続けた。

## ⑩ 木《き》戸《ど》幸《こう》一《いち》

内大臣

（1889～1977）

### 天皇擁護で軍人被告から総スカン

明治の元勲・木戸孝允《たかよし》の曽孫。父の侯爵・孝正は侍従長だった。文字どおり華族の御曹司である。その木戸は、起訴状全訴因55項中の54項で訴追されていることを見ても、東条英機と並んでもっとも注目された被告だった。

農商務省入り後の木戸は工務局工務課長、同会計課長、産業合理局部長などを務めたあと内大臣秘書官長兼宮内省参事官などを歴任、昭和8年に西園寺公望の推薦で宮内省宗秩寮総裁兼内大臣秘書官長に任ぜられた。

昭和12年10月、学習院、一高、京大を通じての親友である近衛文麿が内

**終身禁錮刑**

東京出身・裁判当時56歳。京大法科卒後、農商務省に入る。大正6年、父の死去により襲爵、侯爵となる。昭和5年退官、内大臣秘書官長、12年第1次近衛内閣文相・厚相、14年平沼内閣内相、15年から終戦まで内大臣。

閣を率いることになり、木戸は文相に就任、ついで厚相も兼任して自他ともに〝近衛内閣の副総理〟をもって許していたが、昭和14年、近衛内閣退陣とともに野に下り、貴族院議員を務めていた。

その後、平沼内閣の内相を歴任して、15年6月、内大臣に就任する。そして、それまでは元老の西園寺公望が天皇に推薦するのを常としていた後継首相候補を、木戸は重臣会議を招集して意見を聞き、木戸が天皇に推薦するようになった。当然、首相選びは木戸の思考・判断が重要な役割を果たすようになった。日米開戦直前の東条内閣、戦争末期の小磯内閣、終戦処理の鈴木貫太郎内閣の登場も、木戸の影響力と無関係ではありえなかった。

それだけに東京裁判での木戸の役割は、昭和天皇を戦犯の座に座らせないこと一点に絞られていた。検事側の証拠として『木戸日記』を提出したのも、天皇の平和主義者としての側面を強調するためだったといわれる。反面、天皇を擁護するあまり、木戸の証言は軍人被告に対する容赦ない批判となった。そのあまりのひどさに武藤章や佐藤賢了は「ウソつき野郎」「この大バカ野郎」と罵声を浴びせ、橋本欣五郎は「本来ならこんな奴は締めあげてやるんだが」と罵《ののし》ったという。

## ⑪ 木《き》村《むら》兵《へい》太《た》郎《ろう》 陸軍大将 （1888～1948）

### 東条陸相の腹心と思われて戦犯に？

　絞首刑に処せられたA級戦犯7被告のなかで、木村ほど一般国民になじみの薄い軍人はいない。昭和21年10月に発行された朝日新聞法廷記者団の『東京裁判』のなかに、28人のA級戦犯容疑者の経歴（起訴状付属書Eによる）と記者たちが参考のために書いた「註」の項目が載っているが、木村の註は「古い型の軍人」とあるだけで、なにゆえにA級戦犯に問われているのかの積極的記述はみられない。

　陸士、陸大は出ているものの、地味で堅実な性格だったためか特記するような事項がない。その木村の経歴のなかでもっとも華やかな舞台は、第

**絞首刑**

埼玉県出身・裁判当時57歳。陸士・陸大卒。昭和11年に少将に進級して陸軍省兵器局長、中将に進級して第32師団長、関東軍参謀長を歴任、16年4月～18年3月東条陸相の下で次官、19年8月ビルマ方面軍司令官。

2、第3次近衛内閣と東条内閣における陸軍次官というポストであろう。仕えた陸相は個性の強い東条英機だが、当時は陸軍きっての秀才といわれた武藤章が軍務局長であり、この東条・武藤コンビの間に切れ者次官は必要なく、温厚な木村がうってつけだったということか。しかし、東京裁判では東条陸相の腹心と思われたのか、予想もしない死刑判決を受けた。

木村は昭和19年8月、敗色が濃くなったビルマ方面軍司令官として前線に出た。しかし、当時のビルマはインパール作戦が惨敗した後で、将兵は悲惨の極にあった。そして木村はそのままビルマで敗戦を迎え、戦犯としてイギリス軍に囚われてシンガポールに拘置されていた。ところが、A級戦犯に選ばれ、東京裁判初日の昭和21年5月3日に、空路東京に運ばれてきたのだった。

木村がどのくらい「古い型の軍人」だったのか、獄中から子女の百合子さんに宛てた手紙の文面が参考になるかもしれない。

「いつまでもあると思うな親と金、ないと思うな運と災難。百合子は朗らかな美しい笑いの中心として常に家の中を、まず朝起きてから一番はじめに直ちに春風を吹かせ、一同を朗らかにしてくれ。愛は万事に勝つ。敬は秩序を保つ、礼は世界を飾る花輪なり。信は力なり……」（花山信勝『平和の発見』より）

## ⑫ 小磯国昭《こいそくにあき》

陸軍大将・元首相

（1880～1950）

# 戦局知らず「木炭バス内閣」の哀れな末路

　開戦以来、日本の軍政を牛耳ってきた東条内閣が瓦解し、代わって昭和19年7月に誕生したのが小磯内閣だった。しかし世間は〝木炭バス内閣〟とからかった。当時の日本はガソリンが底をつき、バスやトラックは薪《まき》を焚《た》いて走っていた。力がないためエンコはするし、ちょっとした坂道も登れなかった。実力のない小磯内閣は、まるで木炭バスそっくりだったからだ。

　首相になったときの小磯は朝鮮総督をしていたが、陸軍大将とはいっても予備役になって7年も経っており、戦局にはいたって疎《うと》かった。

## 終身禁錮刑

山形県出身・裁判当時66歳。陸士・陸大卒。陸軍省整備局長、軍務局長などを経て昭和7年2月荒木陸相のもとで陸軍次官。同年8月関東軍参謀長、14年平沼内閣拓相、17年朝鮮総督、19年7月～20年4月首相。

「日本はこんなに負けているのか」

と、びっくり仰天したという。さらに予備役のまま組閣したから、規則で戦局を検討する大本営の会議にも出席させてもらえなかった。軍部も今浦島の小磯をまったくあてにしていなかったことになる。しかし敗戦間際に首相になったばかりにA級戦犯に選ばれてしまった。小磯にとっての首相就任は、まさに貧乏クジだった。

小磯は陸軍士官学校、陸大ともに成績は中ほどで、目立つ存在ではなかった。しかし昇進はいたって順調で、とんとん拍子で昭和7年には荒木陸相の下で次官も経験している。

その小磯が満州事変後に関東軍参謀長を務めた。これこそ小磯が実力を発揮する場であった。彼は大正4年、参謀本部の支那課兵要地誌班員になって以来、資源を中国に求めることを前提に、総力戦体制に適合する国防経済の確立を熱心に提唱してきたからである。資源輸送や総動員輸送のために朝鮮海峡に通じる海底トンネルの建設さえ構想していた。

しかし、その自分が首相という最高権力者に座ったときは時機すでに遅く、戦争体制は崩壊寸前にあった。そして沖縄戦最中の昭和20年4月、なんらの実績も残せないまま総辞職に追い込まれ、すべては夢に終わってしまった。

## ⑬ 松《まつ》井《い》石《いわ》根《ね》

陸軍大将

（1878～1948）

## 南京虐殺事件の責任をとって絞首台へ

松井は陸軍有数の中国通として知られていた。昭和8年に大将になった松井は、10年8月に予備役に編入されて現役を退いたが、日中戦争が起きると召集されて中支那方面軍司令官兼上海派遣軍司令官を命ぜられて再び中国大陸に渡った。いわゆる「南京虐殺事件」は、この松井軍司令官のもとで起きた。

東京裁判で松井が問われた罪状は、この南京虐殺事件に対する最高指揮官としての責任であった。もちろん松井も虐殺事件は知っていた。

松井は南京事件に関して、絞首刑の判決が言い渡された後の昭和23年11

### 絞首刑

愛知県出身・裁判当時67歳。陸士・陸大卒。昭和8年8月台湾軍司令官。10年8月予備役になるが日中戦争勃発で召集され上海派遣軍司令官、12年10月中支那方面軍司令官兼上海派遣軍司令官。13年7月から内閣参議。

月29日、スガモプリズンの花山信勝教誨師との面談で語っている。

松井は「南京事件ではお恥ずかしい限りです」と言ったあと、こう続けている。

「私は日露戦争の時、大尉として従軍したが、その当時の師団長と、今度の師団長などと比べてみると、問題にならんほど悪いですね。日露戦争の時は、シナ人に対してはもちろんだが、ロシヤ人に対しても、俘虜の取り扱い、その他よくいっていた。今度はそうはいかなかった。政府当局ではそう考えたわけではなかったろうが、武士道とか人道とかいう点では、当時とは全く変わっておった。

慰霊祭の直後、私は皆を集めて軍総司令官として泣いて怒った。その時は朝香宮もおられ、柳川中将も方面軍司令官だったが。折角皇威を輝かしたのに、あの兵の暴行によって一挙にしてそれを落としてしまった、と。ところが、このことのあとで、みなが笑った。甚だしいのは、或る師団長の如きは『当たり前ですよ』とさえいった。従って、私だけでもこういう結果になるということは、当時の軍人達に一人でも多く、深い反省を与えるという意味で大変に嬉しい。折角こうなったのだから、このまま往生したいと思っている」（花山信勝著『平和の発見』より）

## ⑭ 松《まつ》岡《おか》洋《よう》右《すけ》 外相（1880～1946）

## 公判中に病死したジュネーブの英雄

松岡の生家は「今五」という全国に知られた回船問屋だったが、彼が12歳のときに倒産した。その2年後の明治26年、松岡は労働移民まがいで渡米、苦学しながらオレゴン州立法科大学を卒業し、明治37年に外交官試験に首席で合格した。上海領事館勤務を皮切りにロシア、アメリカ勤務を経て外務書記官兼首相秘書官、ベルサイユ講和会議全権随員などを歴任して大正10年に退官、満鉄に入った。上海時代に交友を結んだ山本条太郎総裁の引きだった。理事、副総裁と進み、帰国して昭和5年に衆院選に立候補、当選して政界に進出した。

### 公判途中で病没

山口県出身・裁判当時66歳。オレゴン州立大卒。外交官試験にパスして外務省に入り、ベルサイユ講和会議全権随員、昭和8年国連会議首席全権、10年満鉄総裁、15年7月～16年7月第2次近衛内閣外相。

満州事変、満州国建国という一連の行動が国際連盟で侵略行為とされたとき、日本の首席全権だった松岡は脱退演説をぶって退場、一躍「ジュネーブの英雄」として軍部や右翼からもてはやされる存在になる。

昭和10年に満鉄総裁に迎えられ、約5年間、東条（関東軍参謀長）や鮎川義介などと並んで、いわゆる「二キ三スケ」の1人として満州支配の実権を握った。

さらに第2次近衛内閣で外相の椅子を手にした松岡は、日独伊3国軍事同盟を締結し、ドイツに飛んでヒトラーに会い、帰りがけにモスクワでスターリンと日ソ中立条約を締結して帰った。松岡の考えでは3国同盟にソ連を加えた同盟路線で、アメリカに対抗できる体制を整えたつもりだった。

ところが2か月後、独ソ開戦という思わぬ事態に直面、松岡構想はもろくも崩れ去った。加えてアメリカから日本の枢軸外交路線を非難する口上書が突きつけられる。松岡が外相ではもはや日米交渉は進展させられないと判断した近衛は、内閣を総辞職して松岡を追い出し、打開策を模索した。しかし、時すでに遅く、アメリカに日本との妥協の意思は見えず、戦雲は刻々と濃さを増していったのだった。

失脚後は持病の胸部疾患が悪化して病床にあり、東京裁判の法廷には一度だけ出廷したものの、公判途中で病死した。

## ⑮ 南《みなみ》 次《じ》郎《ろう》
陸軍大将
（1874～1955）

# 満州事変で軍部独走の端緒を開く

　東京裁判が訴追の範囲にしたのは、満州事変の勃発時から昭和20年8月の敗戦時にいたる、いわゆる15年戦争期である。その満州事変は、南大将が第2次若槻内閣の陸相を務めているときに起きている。南は柳条湖事件など事変の謀略計画そのものには参画していなかったが、直前にそれを知り、一応は中止勧告の使者を送った。

　しかし、事変が起こってからは政府の不拡大方針には従わず、軍閥をバックに南一流の押しの一手で幣原（喜重郎外相）外交を封じ、軍独走の端緒を開いた。裁判では満州事変の際の陸相としての責任と、関東軍司令官

### 終身禁錮刑

大分県出身・裁判当時71歳。陸士・陸大卒。大正8年少将で支那駐屯軍司令官。その後騎兵学校長、陸軍士官学校長、師団長、参謀次長などを経て、朝鮮軍司令官、第2次若槻内閣の陸相、関東軍司令官、朝鮮総督、枢密顧問官など。

時代の責任を問われた。

南は参謀次長だった昭和2年5月、中国の蔣介石率いる国民革命軍が北伐戦争を開始して北京・天津に迫ってくるや、居留民保護を名目に日本軍の増派を主張、政府に認めさせている（第1次山東出兵）。そうした南にとって、満州事変を起こした関東軍の行動は、自分の考えにかなっていたといえる。さらに南は満州事変が起きる直前の昭和6年8月、満蒙対策強硬論を説き、国防は軍事に優先させるべきだと訓示したばかりだった。

南の体質は関東軍に歓迎され、昭和9年12月に関東軍司令官となった。しかし、2年後に2・26事件が起こり、軍長老の1人として予備役になった。朝鮮総督になったのはその後で、最後の役職は枢密顧問官だった。

裁判中の南は、裁判そのものを無視するかのように「知らない」「存ぜぬ」を連発した。法廷で南が好んで使っていた「聖戦」という言葉の説明を求められたときも、のらりくらりとはぐらかした。

「その当時の言葉が一般に『聖戦』と言っておりましたので……そういう言葉を使ったのです。侵略的な、というような戦いではなくして、状況上余儀なき戦争であったと思っておったのであります」

と、ついに言質《げんち》を与えなかった。

## ⑯ 武《む》藤《とう》 章《あきら》

陸軍中将

（1892〜1948）

# 戦線拡大の舵をとった武闘派軍人

「東条の懐刀」「武藤あっての東条」などと称えられていた武藤は、A級戦犯28人のなかでは若いほうだった。加えて中将でありながら絞首刑の判決を受けた大きな理由は、日本が外国を「侵略」したとされる時期に、陸軍省の軍務局長という権力のポストに就いていたことが挙げられる。

その武藤も、GHQがA級戦犯容疑者の選定を始めたころは、リストにも入っていなかった。それが国際検察団から〝東条の政治的黒幕〟として訴追されることになったのは、田中隆吉少将などからのタレコミ情報があったからという。

### 絞首刑

熊本県出身・裁判当時53歳。陸士・陸大卒。昭和12年3月参謀本部作戦課長、14年9月陸軍省軍務局長となり、その後近衛師団長、近衛第2師団長を経て19年10月在フィリピン第14方面軍参謀長となって終戦を迎える。

武藤が軍務局長になったのは、少将に昇進して間もない昭和14年9月。以来、その地位は昭和17年4月に近衛師団長に転出するまで2年7か月も続いた。つまり軍政の中心であり続けたのである。

軍務局長は陸相、次官に次ぐナンバー3だが、上司2人は内閣が代わるたびにほとんどが交替する。現に武藤が軍務局長のとき、内閣は阿部から米内、近衛、東条と代わり、陸相も代わっている。いや武藤はそのポストの威力をフルに発揮して阿部、米内内閣を倒し、近衛担ぎ出しに加わった。

ところで日中戦争の発端になった盧溝橋事件が起きたとき、武藤は参謀本部作戦課長だった。このとき直属上司の石原莞爾第1部長の不拡大方針に対して、武藤は拡大論を主張して激しく対立、日本軍を泥沼の戦場に追いやる端緒を作った1人である。

その〝武闘派〟の武藤が、今度は軍務局長として日米開戦の舵《かじ》を取ることになったのだ。局長就任後、まず日独伊3国同盟の締結があり、北部仏印進駐、日ソ中立条約締結、日米交渉の開始、南部仏印進駐、日米交渉打ち切り、対米英宣戦と、日本を敗戦に導く重要な外交事件が相次いだ。この軍部狂奔《きょうほん》時代の渦中にあって、武藤は海軍の岡敬純軍務局長とともにその最先頭に立って軍政を推し進め、政党活動と議会政治を仮死状態に陥らせる役割を演じた。

## ⑰ 永《なが》野《の》修《おさ》身《み》

海軍大将・軍令部総長

(1880〜1947)

# 「今、やる」で真珠湾奇襲攻撃を許可した男

日米開戦時の軍令部総長だった永野は、海軍のなかの開戦論者の代表格で、真珠湾攻撃の決行を最終的に決断した当人である。日米開戦直前の言動を見ると、その強硬者ぶりがのぞける。

「戦わざれば亡国、戦うもまた亡国かも知れぬ」「もはやディスカッションなすべき時にあらず。早くやってもらいたいものだ」「3年後にやるより今やるほうがやりやすい」などなど。

しかし永野は勝算については決して言質《げんち》を与えなかった。自信がなかったのだ。かといって避戦の立場をとれば内乱が起きると考えていた。その

### 公判途中で病没

高知県出身・裁判当時65歳。海軍兵学校・海大卒。駐米大使館付武官、海軍兵学校長、軍令部次長、横須賀鎮守府長官などを歴任、昭和10年のロンドン海軍軍縮会議全権。11年海相のあと連合艦隊司令長官、16年軍令部総長。

点、避戦派の旗頭であった井上成美海軍大将の「古来、敗戦で亡びた国はあっても内乱で亡びた国はない」という見方とはまったく正反対であった。

海軍兵学校を3番で卒業した永野の経歴は、その席次を裏切らない輝かしいものだ。大正9年に駐米大使館付武官になり、ワシントン軍縮会議では全権の加藤友三郎海相を扶《たす》けて活躍した。その後、軍令部参謀や第3戦隊司令を経て13年に少将に昇進。さらに第1遣外艦隊司令官から昭和3年に中将に進み、翌年海軍兵学校長になる。

昭和5年、時の軍令部長加藤寛治大将と次長の末次信正中将が第1次ロンドン軍縮会議を不満として辞職するや、谷口尚真軍令部長の下で次長に就任した。そして昭和7年のジュネーブ、10年の第2次ロンドン再軍縮会議の全権となり、ロンドン会議では脱退を声明した。

永野の出世は続き、昭和11年に広田内閣の海相に就任、翌年には連合艦隊司令長官も経験して、16年4月には軍令部総長になり、19年2月までその職にあった。6尺（180センチ）豊かの偉丈夫で、磊落《らいらく》で緻密《ちみつ》、部内では「グッタリ大将」などと陰口をたたかれていた。陸軍の杉山元《はじめ》参謀総長が「グズ元」と言われていたのと好対照ではあった。実務は次長以下に任せ、戦死者の墓碑銘を書く日が多かったともいわれる。

## ⑱ 大川周明《おおかわしゅうめい》

国家主義者

（1886～1957）

# 仮病か？　東条被告の頭をポカリで免訴

東京帝大の文学部哲学科でインド哲学を研究しているうちに、白人による植民政策の暴状を知り、アジア主義にめざめて次第に被圧迫民族解放の信念を抱くようになった。この植民政策の研究によって32歳の大正7年満鉄に招かれ、翌年東亜経済調査局編集課長に抜擢された。14年に「特許植民会社制度研究」という論文で法学博士の学位をえる。その後、調査局では調査課長、主事、局長と昇進し、昭和4年に同局が満鉄から独立すると同時に理事長となった。

一方、編集課長になった年に、自ら抱く日本主義を推進するために北一

### 公判途中で免訴

山形県出身・裁判当時59歳。東大哲学科卒。満鉄に入り、大正8年満鉄東亜経済調査局調査課長。猶存社、行地社、神武会などを組織、昭和4年東亜経済調査局理事長。5・15事件で幇助罪に問われた。

輝、満川亀太郎らと猶存社《ゆうぞんしゃ》を結成、国家改造をめざした。しかし、北たちと対立して大正12年に解散し、新たに行地社《こうちしゃ》を興して政党、財閥、特権階級を打倒して国政改革をはかるための同志獲得に乗り出した。

この運動はたまたま社会主義運動勃興期にあたっており、その現状に不満をもつ陸海軍の青年将校や教育者たちの共鳴を得て勢力を増し、右翼の主流をなすにいたった。特に橋本欣五郎をリーダーとする青年将校の集まり「桜会」との結びつきを強め、昭和6年の3月事件では指導的役割を果たし、同年の10月事件ではクーデター後の大蔵大臣に擬せられるほどであった。

そして翌7年2月には行地社を改組して神武会を設立、日本精神と大アジア主義を唱えた。

昭和維新の実現をめざしたこの年の5・15事件では、海軍将校たちに資金やピストルを渡して幇助罪に問われ、上告審で禁固4年の刑が確定したが、昭和12年に恩赦で仮出所した。その後は近衛文麿など、いわゆる政界新指導者層のブレーンの1人として影響力を発揮し、戦時中は汎アジア主義を鼓吹する著述活動をしていた。

東京裁判では開廷初日に被告席から東条被告の頭をポカリ、ポカリとやって精神病院に送られ、免訴となったが、精神異常は仮病ではなかったかとも言われている。

## ⑲ 大島《おおしま》 浩《ひろし》

陸軍中将・駐独大使

（1886～1975）

### ヒトラーの信任厚かった駐独大使の無言

陸大卒後の大島の経歴を見ると、その過半を駐在武官として過ごしている。その最初が大正10年の駐独大使館付武官補佐官で、次いでオーストリア大使館兼ハンガリア公使館付武官だった。

本来が砲兵将校である大島は大正13年に帰国、野戦部隊に配属されて昭和5年8月に砲兵大佐に昇進し、野砲第10連隊長に就いた。そして9年3月に駐独大使館付武官として渡独、日米開戦の引き金となった日独防共協定（11年11月）、日独伊防共協定（12年11月）の締結を強力に推進した。

昭和13年10月に中将で予備役編入とともに駐独大使に出世した大島は、

**終身禁錮刑**

岐阜県出身・裁判当時60歳。陸士・陸大卒。昭和9年駐独大使館付武官、13年に中将に昇進して10月～14年12月まで駐独大使。いったん退任したが15年12月に再び駐独大使。敗戦後の20年12月まで務める。

陸軍の威勢とヒトラーとの信頼関係を後ろ楯に日独伊3国（軍事）同盟の締結を強力に主張して時の政府を悩ませた。そうした最中の14年8月23日、独ソ不可侵条約が締結されて大島の努力は愚弄《ぐろう》された格好となり、この年12月、大使を更迭《こうてつ》されて帰国した。

しかし、帰国した大島は松岡外相が進める日独伊3国同盟交渉をバックアップする形で全国を講演行脚し、日独伊結合の必要性を声高に叫び回った。そして3国同盟締結（15年9月）後の15年12月、大島は再び駐独大使となって、きわめて親しいヒトラーの膝元に飛び、敗戦後の昭和20年12月までその職にあった。

ドイツの敗戦とともに米軍に捕らえられ、昭和21年暮れにアメリカ経由で帰国の途中、A級戦犯指定を知らされた。そこで所持していた文書や日記を、ニューヨークのホテルで水洗便所に流したという。

大島が戦犯に問われた最大の理由は、この3国同盟締結問題だったが、彼は法廷では一貫して3国同盟を自ら主張したとは証言しなかった。釈放後もいっさい黙して語らず、著作も講演も断る生活を続けた。現代史研究家の高橋正衛氏には「私が語り書いて、大島個人の主観で歴史家を誤らせるという、3国同盟に次いでまた国民に罪を犯したくない」と語ったことがある。

⑳

# 岡《おか》　敬《たか》純《ずみ》

海軍中将・軍務局長

（1890〜1973）

## 陸軍に引きずられた虚弱な海軍軍務局長

　岡がA級戦犯に指定された最大の理由は、昭和15年10月から軍務局長の要職に就き、19年7月に海軍次官になるまで3年10か月間もその職にあったことである。すなわち日中戦争と太平洋戦争のほぼ全期間にわたって、海軍軍政を担当していたからだった。陸軍省の武藤章中将（陸軍省軍務局長）と同じ立場である。

　しかし、日米開戦にあたっては、武藤のように積極的にリーダーシップをとったわけではない。ただ軍務局長になるまでの3年間も軍務局第1課長、軍令部第3部長（情報）だったから、日中戦争以来軍政の中枢にいた

### 終身禁錮刑

山口県出身・裁判当時56歳。海軍兵学校・海大卒。昭和7年ジュネーブ軍縮会議随員、14年に少将昇進で軍令部第3部長、15年10月海軍省軍務局長、19年7月海軍次官、19年9月鎮海警備府長官。

ことになり、岡が対米英戦争で演じた役割は小さくはない。

軍務局長就任後、岡は「陸軍が政策を掲げて海軍に圧力をかけてくる。海軍はそれまで、それに対応できなかった。どうしてもここで、陸軍に対応する政策担当者をつくらねばならぬ。さもなくば、日本がどちらにもっていかれるかわからぬ」と言って、国防政策を担当する軍務局第2課を新設した。しかし、このとき岡が課長に据えたのは開戦推進派の石川信吾大佐で、岡が日米開戦を断固避けるべきだという考えをもっていたとは思えない。

さらに第3次近衛内閣の末期、和戦を決める重大な時期に部内の反対を押し切って「総理一任」に海軍の態度を決定したことや、開戦後の陸海相対立する場面であやふやな態度をとり、つねに陸軍側に圧倒されて海軍の作戦を収拾しがたい事態に陥れたことなど、この時期の嶋田繁太郎海相とともに部内からその弱気を痛撃された。

「岡自身は開戦主義者というよりは、むしろ反対の意見をもっていたが、終始、東条勢力に引きずられた」と評している者もいた。その性格の弱さは、どちらかといえば軍人としてはひ弱な体格のために、第一線の前線に出る機会が少なく、中央の省部にのみとどまって昇進を果たしてきたためではないかとも言われている。

## ㉑ 佐《さ》藤《とう》賢《けん》了《りょう》

陸軍中将・軍務局長

（1895～1975）

### 東条を後ろ楯に軍の中枢に座る中佐の一喝

明治28年生まれの佐藤は、A級戦犯容疑で逮捕されたときは満で50歳、中将になったのも昭和20年3月で、A級戦犯のなかではもっとも若かった。当初、米検察団は佐藤に対してはあまり関心をもっていなかったフシがある。その佐藤がなぜ被告に選ばれたのか？　検察団の決め手となったのは、内大臣だった木戸幸一の尋問だったようなのだ。佐藤と武藤章に好意をもてない木戸は、検察の尋問に対して陸軍の強硬派の中心は佐藤と武藤であると証言している。

佐藤は回顧録で言っている。

**終身禁錮刑**

石川県出身・裁判当時50歳。陸士・陸大卒。大本営陸軍報道部長、昭和16年2月～17年4月陸軍省軍務局軍務課長、17年4月～19年12月軍務局長。終戦時は支那派遣軍参謀副長だった。

「この事件を世間では大きく取り扱いすぎる感があった。まるで陸軍が議会を圧迫し、その勢力を衰退させたかのようにいったのである。実にばかげたことである。一説明員の一喝で衰退するような議会なら、放っておいても潰《つぶ》れるであろう。そればかりでなく、開戦当時、一課長にすぎなかった私が、大臣たちと並んでA級戦犯の仲間入りする光栄（?）に浴したのもこの事件のお陰のようだ」（『大東亜戦争回顧録』）

佐藤の言う事件とは昭和13年3月3日の衆院で、佐藤が国家総動員法委員会で法案の趣旨説明をしているとき、ヤジを飛ばす議員に「黙れ！」と一喝した事件である。当時、佐藤は軍務局軍務課国内班長の中佐だった。その一中佐が天下の代議士たちを一喝したことは、軍部の暴圧的態度を象徴する事件として世間に知れわたった。おかげで佐藤に対する一般的な印象は、東条大将を後ろ盾にして、政治に横車を押す粗暴な軍人というものであった。

「黙れ事件」のあと、大佐に進級した佐藤は大本営報道部長になった。このときの直属上司も陸軍次官の東条で、そして東条が陸相になるや、佐藤は軍務課長になる。少将に昇進したあとの17年4月には東条首相（陸相兼務）の下で軍務局長に座り、19年12月に支那派遣軍に転出するまで、東条軍政の中枢にあって戦争遂行の舵を取った。

# ㉒ 重光《しげみつ》 葵《まもる》

外相

（1887～1957）

## 降伏文書に調印した隻脚の外相のひと言

　重光が特命全権駐華公使に抜擢された昭和7年、日中間でようやく第1次上海事変の停戦協定が調印の運びとなった。この停戦協定調印式を前にした同年4月29日、重光は上海市内の公園で催された天長節（昭和天皇の誕生日）祝賀式の壇上に、日本軍司令官たちとともに並んでいた。そのとき、韓国の独立運動家が爆弾を投げつけた。多くの死傷者が出て、重光は右脚切断の重傷を負った。しかし重光はベッド上で調印し、協定を成立させた。その態度が軍部に好感をもたれる動機となり、国民からも硬派の外交官僚と見られるようになった。

### 禁錮7年

大分県出身・裁判当時58歳。東大独法科卒。外交官。昭和8年5月から約3年間外務次官、その後駐ソ、駐英、駐華大使を歴任、18年4月以降東条内閣、小磯内閣、東久邇内閣の各外相。敗戦後、首席全権で降伏文書に署名。

重光は戦前戦後を通じて外相を4回務めている。最初が昭和18年の東条改造内閣で、東条内閣が不評を呼び始めていたころである。他の閣僚がきわめて東条色の強い人々で占められているのに対して、重光だけが異色だった。

当時の日本政府は汪兆銘の国民政府に、米英に対して宣戦布告をさせることと引き換えに、不平等条約の日華基本条約の撤廃を考えていた。東条首相は、その推進のために駐華大使の重光を外相に据えたといわれている。東条がそういうことを夢想するほど戦局は逼迫《ひっぱく》していたのだ。

その東条内閣がサイパン島陥落で瓦解し、小磯内閣に代わったが、重光は留任した。この小磯内閣は、一部には和平内閣という期待ももたれたが、そういう動きはまったく起こらなかった。

そして3度目は日本が降伏した直後の東久邇宮内閣で、このときの20年9月2日、東京湾に碇泊した米戦艦「ミズーリ」艦上で行われた降伏文書調印式に日本帝国政府代表として署名した。

そして4度目が、A級戦犯としての刑期が満了したあとの29年12月、第1次鳩山内閣の副総理兼外相だった。この4度目のとき日ソ国交回復交渉を成功させ、日本は31年12月に国連に加盟した。その記念式典に代表として出席した重光は「もう思い残すことはない」ともらした。

## ㉓ 嶋《しま》田《だ》繁《しげ》太《た》郎《ろう》

（1883～1976）

海軍大将・海相

### 「東条の副官」と揶揄された海軍大臣

嶋田の軍歴を見ると、軍政に携わった経験がない。海軍大臣に就任するまでは、艦隊の参謀長や軍令部の班長、部長、次長など作戦面の経歴が大半で、そのうえ海軍大臣に就任する前の4年間は、艦隊や鎮守府の司令長官に出ていて中央にいなかった。

大臣に就任したのは日米開戦直前の昭和16年10月だったが、その1か月前の9月に支那方面艦隊司令長官から横須賀鎮守府司令長官に就任したばかりだった。そのため、どういう経緯で日米開戦にいたったのか、事情がよくわからなかったらしい。海相就任の打診があったとき、最初「任にあ

**終身禁錮刑**

東京都出身・裁判当時62歳。連合艦隊参謀長、潜水学校長などを務め、昭和10年12月軍令部次長、その後第2艦隊、呉鎮守府、支那方面艦隊、横須賀鎮守府の各司令長官を経て16年10月東条内閣海相、のち軍令部総長兼務。

らず」と辞退したが、寵愛《ちょうあい》されていた海軍元帥の伏見宮博恭王の勧告もあって、断りきれなかったといわれている。

戦後、嶋田は述懐している。

「私は敗戦には責任を感じるが、開戦には責任を感じない」と。

事実、嶋田は大臣になってから初めて「日米開戦の決意」を決定した御前会議のことを知った。そして伏見宮から「すみやかに開戦せざれば戦機を逸す」という言葉を聞くと、3日後の10月30日に海軍省の幹部たちを呼んで「この際戦争の決意をなす」「海相1人が戦争に反対したため戦機を失しては申し訳ない」と、いともあっさりと日米開戦を伝えた。

2週間前までなにも知らなかった人が、先輩の米内大将や同期の山本五十六連合艦隊司令長官など海軍首脳たちが身を張って主張してきた日米避戦論を無視する形で、陸軍の主張する戦争を決意したのだ。

以後、嶋田は「東条の副官」とか「東条の茶坊主」などと揶揄《やゆ》されるほど、東条首相兼陸相への協力を惜しまなかった。そして東条が軍政と統帥《とうすい》の一元化をはかろうとして19年2月に参謀総長も兼務するや、嶋田も請われるままに軍令部総長を兼任した。しかし、この年7月、サイパン島失陥によって東条内閣は瓦解し、嶋田も辞任して予備役となった。

## ㉔ 白《しら》鳥《とり》敏《とし》夫《お》

駐イタリア大使

（1887～1949）

## 日独伊3国同盟締結に走った枢軸派

松岡洋右、大島浩と並ぶ枢軸派のリーダーだった白鳥は、早々に検察陣にリストアップされていた。外務省の長老・石井菊次郎の甥にあたり、英語は省内きっての使い手であった。その白鳥は早くから軍部や大川周明などと関係をもち、対米英強硬外交の主唱者であった。

外務省の情報部長だった満州事変当時、白鳥は内閣書記官長だった森恪《もりかく》や陸軍の鈴木貞一中佐（当時）などと結び、満州事変に対する国際連盟の非難に対抗するため強硬外交の宣伝役をつとめた。そして軍部とタイアップして、連盟脱退への世論誘導に奔走した。以来、皇道精神、アジアモン

### 終身禁錮刑（服役中に病没）

千葉県出身・裁判当時58歳。東大卒。昭和4年外務省情報部第2課長、翌5年情報部長。8年駐スウェーデン公使、13年駐イタリア大使、15年外務省顧問に就任、大政翼賛会総務も兼ねる。

ロー主義を提唱して「型破り」を内外に謳《うた》われたが、結局、そのためにスウェーデン公使に追われた形になった。

しかし、ここでも駐独陸軍武官だった大島浩と組んで日独防共協定成立に走り回り、大島が駐独大使になるや、今度は日独軍事同盟の締結に奔走した。

昭和13年にイタリア大使に起用されると、白鳥は大島と組んで日独伊３国軍事同盟の締結交渉を強力に推進し、本国政府に圧力をかけ続けた。このときは土壇場になって独ソ不可侵条約が成立したために同盟締結はお流れとなり、白鳥はイタリア大使を更迭されて待命となった。

ところが昭和15年に松岡洋右が外相に就任するや「外務省顧問」という肩書きを得て、再び日独伊３国同盟の締結に突っ走り、ついに成就させることに成功した。それは、同時に日本を対米英戦争に走らせるステップともなった。

昭和16年４月、病気のため外務省顧問を辞任したが、翌17年の総選挙に千葉県から推薦候補として立候補、当選して衆議院議員となる。大政翼賛会理事（総務）、盟邦同志会会長などを務めた。

東京裁判では終身禁錮刑を言い渡された。そして服役中の昭和24年６月３日病死した。63歳だった。

## ㉕ 鈴《すず》木《き》貞《てい》一《いち》

陸軍中将・企画院総裁（1888〜1989）

### 100歳で永眠した「背広を着た軍人」

少壮将校時代の鈴木は「大陸通」として知られていたが、のちには「背広を着た軍人」と言われたように、実戦部隊での経験は少なく、どちらかというと官僚的仕事が多かった。尉官時代は参謀本部員や参謀本部付が多く、佐官になると陸軍省軍務局課員や軍務局付が多い。満州事変後のこの軍務局課員時代に、白鳥敏夫などと連携して国際連盟脱退論を主張し、軍の推進人物となった。

昭和16年4月に陸軍中将で予備役になった鈴木は、近衛内閣に国務大臣兼企画院総裁として入閣した。以来、東条内閣でも留任し、18年10月まで

**終身禁錮刑**

千葉県出身・裁判当時57歳。陸士・陸大卒。第3軍参謀長のあと昭和13年12月に興亜院政務部長、同総務長官心得などを経て16年4月国務相企画院総裁に就任、予備役に。18年10月に退任して貴族院議員に。

企画院総裁を務めた。この企画院総裁時代、国防国家体制の確立と戦力増強計画の中心となった。

鈴木が太平洋戦争で果たした最大の役割は、日米開戦直前の16年10月から12月の御前会議で、日本の経済力と軍事力の数量的分析結果を報告したことであろう。そこで鈴木は、石油の輸入を止められた以上３年後には供給不能となり、産業も衰退し、軍事行動もとれなくなり、中国はもとより満州、朝鮮も失うことになるだろうと強調した。だから開戦して、南方資源地帯の占領の必要性を説明した。

企画院総裁を辞任した鈴木は貴族院議員に選ばれ、小磯内閣の顧問として行政査察使となり、19年９月から終戦までは大日本産業報国会会長に就任して、軍需生産の強化に努めていた。

鈴木は昭和30年９月に他のA級戦犯などとともに仮釈放され、31年４月に赦免となった。そして岸内閣成立直後の34年に自民党から参議院議員選挙への出馬要請があったが、「もう私の時代は終わった」と断った。電力王として知られた松永安左衛門の要請で産業計画会議委員にはなったが、公的な役職に就《つ》くことはなかった。

鈴木は平成元年７月15日、１００歳で永眠、波瀾の生涯に幕を下ろした。A級戦犯のなかでは最後の生き残りだった。

## ㉖ 東《とう》郷《ごう》茂《しげ》徳《のり》

外相

(1882～1950)

# 開戦時と終戦時に外相を務めた親ソ派？

東郷は外交官試験に5回挑戦してやっと合格している。すでに31歳になっていた。このねばり強さが、外交官・東郷の特徴でもあった。東郷の経歴を眺めると、欧米局第1課長、駐米大使館1等書記官、駐独大使館参事官を経て昭和8年に欧米局長に就任、12年からは大使としてドイツ、ソ連に赴任し、外交官としてはエリート・コースを歩いてきた。

駐ソ大使時代はモロトフ外相と折衝して日ソ漁業交渉、ノモンハン事件停戦交渉を成立させ、また日ソ不可侵条約、通商条約、日ソ中立条約締結交渉を進めるなどした。そして16年10月、東条内閣の誕生で外相に就任し、

### 禁錮20年

鹿児島県出身・裁判当時63歳。東大独文科卒。外交官試験に合格。昭和8年2月外務省欧米局長、翌年6月欧亜局長、12年駐ドイツ大使、13年駐ソ大使、16年10月～17年9月東条内閣の外相兼拓務相、20年4月～8月鈴木内閣外相兼大東亜相。

外交官としては最高位に上りつめたが、12月8日の日米開戦を阻止することはできなかった。

東京裁判で東郷は、自分の一生の信念をかけたという130頁におよぶ口供書を提出している。その中で東郷は、自分は対ソ協調論者であり、3国同盟反対論者であり、英米との持続的平和論者であったと強調した。検事側はこの口供書に対して、それならなぜ東条内閣の外相として開戦に同意したのかと逆襲し、東郷訴追をこの1点にしぼってきた。

昭和17年9月、東郷は大東亜省の設置に反対して東条首相と激論、外相を単独辞職した。貴族院議員に勅選されたほかはなんの役職にも就かず、軽井沢の別荘で暮らしていた。その東郷に再び外相就任の話がきた。東郷の回想録『時代の一面』によれば、「戦争の見透しはあなたの考え通りで結構であるし、外交は凡《すべ》てあなたの考えで動かしてほしいとの話であった」ので、鈴木貫太郎内閣へ入閣した。そして間もなくポツダム宣言に接し、戦争継続を主張する軍部大臣たちを向こうに回して、鈴木首相に協力して「聖断」へもち込み、終戦に導いた。

しかし、和平の仲介を最後までソ連頼りにしていたなど、外交官としての読みとキレは鈍くなっていた。

## ㉗ 東《とう》条《じょう》英《ひで》機《き》

陸軍大将・陸相・元首相

（1884～1948）

# 憲兵隊を手先に「暗黒憲兵」独裁体制を築く

東条は昭和16年10月に首相に就任すると同時に大将に昇進した。それまでに陸軍省の動員課長、歩兵第1連隊長、軍事調査部長、久留米の歩兵第24旅団長などを歴任している。そして昭和10年9月に、関東軍の板垣征四郎参謀長に懇望されて満州の関東憲兵隊司令官（関東局警務部長兼務）として渡満した。首相になった東条の軍政は、しばしば「暗黒憲兵政治」と評されたが、その素地はこの関東憲兵隊司令官時代に築き上げられたと言われている。

現に東条は、首相に就任するや憲兵隊の中枢を関東憲兵隊時代の部下で

**絞首刑**

岩手県出身・裁判当時61歳。陸士・陸大卒。昭和10年関東憲兵隊司令官、12年関東軍参謀長、13年5月陸軍次官、15年7月陸相、16年10月首相・陸相・内相を兼任し、のちには参謀総長も兼任して独裁体制を築いた。

固め、反東条勢力の弾圧に駆使した。昭和17年4月の翼賛選挙で当選した反東条の急先鋒だった中野正剛が割腹自殺に追い込まれたのも、憲兵隊に倒閣企図容疑で逮捕されたのが原因だった。

満州の東条は憲兵司令官として存分に腕をふるい、その存在感を大きくした。これが買われて関東軍参謀長となり、昭和13年に第1次近衛内閣で板垣が陸相になるや陸軍次官に就任、中央に帰った。この次官時代、俊敏な頭脳の東条は〝カミソリ次官〟といわれた。

次官職を難なくこなした東条は、昭和15年7月、第2次近衛内閣の陸相として初入閣。そして翌16年10月に近衛が内閣を投げだすや、首相兼陸相・内相に親任された。

昭和19年春、軍需省が設立されるや軍需相も兼ね、さらに参謀総長をも兼ねるにいたり、文字どおり独裁的に戦争を指揮した。しかし昭和19年7月、それまで「絶対に防衛できる」と公言していた信託統治領のサイパンが陥落し、本土防衛が危うくなるや内閣を総辞職した。

東条は永田鉄山少将などとともに陸軍統制派の巨頭として、皇道派将校と血の派閥抗争を続けた。同志の永田少将は皇道派の相沢三郎中佐に惨殺されたが、東条は巧みに激流を泳ぎ切り、憲兵政治を駆使しながら陸軍内に強固な東条閥をつくり上げた。

㉘

# 梅《うめ》津《づ》美《よし》治《じ》郎《ろう》

陸軍大将・参謀総長

（1882〜1949）

## 降伏調印式に臨んだ〝敗軍の将〟の最期

陸軍士官学校と陸軍大学校をともにトップで卒業した梅津は、きわめて緻密・冷静な学究肌の軍人といわれ、政治の表面に出るのを極力避けていたという。その梅津は、生涯で2度、大事件を体験している。

歴史に残るもっとも有名な事件は、梅津が支那駐屯軍司令官のときに結んだ「梅津・何《か》応《おう》欽《きん》協定」（昭和10年6月）である。ささいな事件を口実に、河北省から国民党勢力を駆逐したこの協定は、5年間にわたった関東軍司令官という経歴とともに、東京裁判ではもっともウエートがおかれた。

もう1つは昭和20年9月2日に、東京湾の米戦艦「ミズーリ」号上で行

**終身禁錮刑（服役中に病没）**

大分県出身・裁判当時64歳。陸士・陸大卒。参謀本部総務部長を経て昭和9年支那駐屯軍司令官、第2師団長、11年陸軍次官、13年第1軍司令官、14年9月〜17年10月関東軍司令官、19年7月参謀総長。

われた連合国と日本の降伏文書調印式で、大本営を代表して署名したことである。当時、梅津は参謀総長だったから、役柄としては相応しいが、最初はこの不名誉な仕事を拒否した。そこで昭和天皇がじきじきに説得したため、やむなく引き受けた。

梅津・何応欽協定締結後、第2師団長に転じた梅津は、2・26事件が起きるや、動揺する陸軍首脳の中でいち早く反乱軍鎮圧を主張した。そして事件後、寺内寿一陸相の下に次官に就任、2・26事件後の粛軍に努力した。その後陸相は寺内から杉山元に替わったが、梅津はそのまま次官にとどまり、日中戦争初期の難局を乗り切った。

梅津は軍人の政治関与を嫌ったといわれるが、実際は陸軍省に軍務課を新設し、陸軍の政治への発言力を強めた。しかし「剣に右翼を近づけてはならん」と主張して、皇道派の反発を招き、右翼は「梅津は日本の赤化を企図している」といった怪文書をバラまいて対抗してきた。

東京裁判で終身禁錮刑の判決を受けた梅津はスガモプリズンで服役していたが、すでに公判中から進行していた直腸がんが悪化し、昭和24年1月8日に息を引き取った。

梅津は日記も手記も残さず、病床から「幽窓無暦日」と書いた紙片が発見されたのみだった。

## 28 戦犯に対する検察の訴因

起訴状による訴因は3類に分けられており、合計55項目からなっていた。

第1類　平和に対する罪（第1～36項）

第2類　殺人及び共同謀議の罪（第37～52項）

第3類　通例の戦争犯罪並びに人道に対する罪（第53～55項）

この全55項目のうち、各被告の該当容疑は別表のとおり。尚、次の訴因内容は原文を簡略化したもの。

**第1類　平和に対する罪**

1　1928年（昭和3）1月1日から1945年（昭和20）9月2日までの期間に、日本が東南アジア、太平洋、インド洋地域を支配下におこうとした共同謀議。

2　同上期間、満州（中国の遼寧、吉林、黒龍江、熱河）を支配するための共同謀議。

3　同上期間、中華民国を支配するための共同謀議。

4　同上期間、アメリカ合衆国、全英連邦（本起訴状で使用する場合は常に大ブリテン及び北アイルランド連合王国、オーストラリア連邦、カナダ、ニュージーランド、南アフリカ連邦、インド、ビルマ、マレー連邦及び国際連盟において個々に代表されない大英帝国の他のすべての部分を含む）、フランス共和国、オランダ王国、中華民国、ポルトガル共和国、タイ王国、フィリピン国及びソビエト社会主義共和国連邦に対し宣戦を布告し、または布告しないで1回または数回の侵略戦争を行った共同謀議。

5　同上期間、訴因1と訴因4の各地域・国に対して戦争をするための日独伊3国の共同謀議。

6　同上期間、中華民国に対して行った戦争の計画と準備。

7　同上期間、アメリカ合衆国に対して行った戦争の計画と準備。

8　同上期間、全英連邦に対して行った戦争の計画と準備。

9　同上期間、オーストラリア連邦に対して行った戦争の計画と準備。

10　同上期間、ニュージーランドに対して行った戦争の計画と準備。

11　同上期間、カナダに対して行った戦争の計画と準備。

12　同上期間、インドに対して行った戦争の計画と準備。

13　同上期間、フィリピン国に対して行った戦争の計画と準備。

14　同上期間、オランダ王国に対して行った戦争の計画と準備。

15　同上期間、フランス共和国に対して行った戦争の計画と準備。

16　同上期間、タイ王国に対して行った戦争の計画と準備。

17　同上期間、ソビエト社会主義共和国連邦に対して行った戦争の計画と準備。

18　1931年（昭和6）9月18日、中華民国に対する戦争開始（満州事変）。

**資料１**

19 １９３７年（昭和12）７月７日、中華民国に対する戦争開始（日中戦争）。

20 １９４１年（昭和16）12月７日、アメリカ合衆国に対する戦争開始（太平洋戦争）。

21 同上期日頃、フィリピン国に対する戦争開始。

22 同上期日頃、全英連邦に対する戦争開始。

23 １９４０年（昭和15）９月22日又はその頃、フランス共和国に対する戦争開始（北部仏印進駐）。

24 １９４１年（昭和16）12月７日、タイ王国に対する戦争開始。

25 １９３８年（昭和13）７～８月にハーサン湖地域でソ連邦に対する戦争開始（張鼓峰事件）。

26 １９３９年（昭和14）の夏、ハルヒン・ゴール河区域で蒙古人民共和国に対する戦争（ノモンハン事件）。

27 １９３１年９月18日から１９４５年９月２日までの中華民国に対する戦争（満州事変～日中戦争）。

28 １９３７年７月７日から１９４５年９月２日までの中華民国に対する戦争（日中戦争）。

29 １９４１年12月７日から１９４５年９月２日までのアメリカ合衆国に対する戦争。

30 同上期間、フィリピン国に対する戦争。

31 同上期間、全英連邦に対する戦争。

32 同上期間、オランダ王国に対する戦争。

33　１９４０年９月22日及びその後のフランス共和国に対する戦争。

34　１９４１年12月７日から１９４５年９月２日までのタイ王国に対する戦争。

35　１９３８年夏期中のソ連邦に対する戦争（張鼓峰事件）。

36　１９３９年夏期中の蒙古人民共和国およびソ連邦に対する戦争（ノモンハン事件）。

**第２類　殺人及び共同謀議の罪**

次の訴因については殺人罪及び殺人の共同謀議の罪に問う。

37　１９４０年６月１日から１９４１年12月８日までの期間にアメリカ合衆国、フィリピン国、全英連邦、オランダ王国及びタイ王国の軍隊と一般人に対する殺人の罪。

38　同上期間、同上各国の軍隊及び一般人に対して、交戦国としての適法なる権利を獲得していないのに行った殺人の罪。

39　１９４１年12月７日午前７時55分（真珠湾時間）、ハワイ真珠湾のアメリカ合衆国の領土と艦船、航空機に対する攻撃を行い、キッド海軍少将他約４０００名の陸海軍将兵及び一般人に対する不法な殺害の罪。

40　１９４１年12月８日午前零時25分頃（シンガポール時間）、マレー半島コタバルにおいて全英連邦の領土と航空機を攻撃、全英連邦軍将兵に対する不法な殺害の罪。

41　同上期日、香港において同上殺害の責任。

42　同上期日、上海において全英連邦のベトレル号を攻撃して全英連邦海軍軍人３名を不法に殺害した罪。

43　同上期日、フィリピン国のダバオでアメリカ会衆国軍将兵並びにフィリピン国軍将兵及び一般人を攻撃、殺害した罪。

44　１９３１年9月18日から１９４５年9月2日までの連合国捕虜の大虐殺の罪。

45　１９３７年12月12日以降、南京市を攻撃して数万の中華民国の一般人と武装解除された兵員を殺害した罪。

46　１９３８年10月21日以降、広東市を攻撃して多数の中華民国の一般人と武装解除された兵員を殺害した罪。

47　１９３８年10月27日前後に、漢口を攻撃して多数の中華民国の一般人と武装解除された兵員を殺害した罪。

48　１９４４年6月18日前後に長沙市を攻撃して多数の中華民国の一般人と武装解除された兵員を殺害した罪。

49　１９４４年8月8日前後に湖南省衡陽市を攻撃して多数の中華民国の一般人と武装解除された兵員を殺害した罪。

50　１９４４年11月10日前後に広西省桂林、柳州両都市を攻撃して多数の中華民国の一般人と武装解除された兵員を殺害した罪。

51　１９３９年夏、ハルヒンゴール河流域で蒙古及びソ連邦軍の若干名を殺害した罪。

52　１９３８年７～８月、ハーサン湖区域でソ連邦軍の若干名を殺害した罪。

**第３類　通例の戦争犯罪及び人道に対する罪**

53　１９４１年12月７日から１９４５年９月２日までの間、アメリカ合衆国、全英連邦、フランス共和国、オランダ王国、フィリピン国、中華民国、ポルトガル共和国、ソビエト社会主義共和国連邦の軍隊と捕虜と一般人に対する戦争法規慣例違反。

54　１９４１年12月７日から１９４５年９月２日までの戦争法規慣例違反。

55　１９４１年12月７日から１９４５年９月２日までの、訴因53にある各国の軍隊と捕虜に対する戦争法規違反。

以上の理由により被告人等に対する起訴事実を裁判所に提出するものなり。

| 木村 | 小磯 | 松井 | 南 | 武藤 | 岡 | 大島 | 佐藤 | 重光 | 嶋田 | 白鳥 | 鈴木 | 東郷 | 東条 | 梅津 |
|---|---|---|---|---|---|---|---|---|---|---|---|---|---|---|
| ● | ● | ● | ● | ● | ● | ● | ● | ● | ● | ● | ● | ● | ● | ● |
| ● | ● | ● | ● | ● | ● | ● | ● | ● | ● | ● | ● | ● | ● | ● |
| | ● | | ● | | | | | ● | | | | | ● | ● |
| | | ● | | ● | | | | | | | ● | | ● | ● |
| ● | | | | ● | ● | ● | ● | | ● | | ● | ● | ● | |
| ● | | | | ● | ● | ● | ● | | ● | | ● | ● | ● | |
| ● | | | | ● | ● | ● | ● | | ● | | ● | ● | ● | |
| | | | | ● | | | | ● | | | | | ● | |
| ● | | | | ● | ● | ● | ● | | ● | | ● | ● | ● | |
| | | ● | | | | | | ● | | | ● | ● | | |
| | ● | ● | | ● | | | | | | | ● | ● | ● | ● |
| ● | ● | ● | ● | ● | ● | ● | ● | ● | ● | ● | ● | ● | ● | ● |
| ● | ● | ● | ● | ● | ● | ● | ● | ● | ● | ● | ● | ● | ● | ● |
| ● | ● | ● | ● | ● | ● | ● | ● | ● | ● | ● | ● | ● | ● | ● |
| ● | ● | ● | ● | ● | ● | ● | ● | ● | ● | ● | ● | ● | ● | ● |
| ● | ● | ● | ● | ● | ● | ● | ● | ● | ● | ● | ● | ● | ● | ● |
| ● | ● | ● | ● | ● | ● | ● | ● | ● | ● | ● | ● | ● | ● | ● |
| | | | | ● | | | | ● | | | | | ● | |
| ● | ● | ● | ● | ● | ● | ● | ● | ● | ● | ● | ● | ● | ● | ● |
| | | ● | | | | | | ● | | | ● | ● | | |
| | ● | ● | | ● | | | | | | | ● | ● | ● | ● |
| ● | | | | ● | ● | ● | ● | | ● | | ● | ● | ● | |
| ● | | | | ● | ● | ● | ● | | ● | | ● | ● | ● | |
| ● | | | | ● | ● | ● | ● | | ● | | ● | ● | ● | |
| ● | | | | ● | ● | ● | ● | | ● | | ● | ● | ● | |
| ● | | | | ● | ● | ● | ● | | ● | | ● | ● | ● | |
| ● | | | | ● | ● | ● | ● | | ● | | ● | ● | ● | |
| ● | | | | ● | ● | ● | ● | | ● | | ● | ● | ● | |
| ● | ● | ● | ● | ● | ● | ● | ● | ● | ● | ● | ● | ● | ● | ● |
| | | ● | | ● | | | | | | | ● | | | ● |
| | | ● | | ● | | | | | | | ● | | | ● |
| | | ● | | ● | | | | | | | ● | | | ● |
| | ● | | | ● | | | | ● | | | | | ● | ● |
| | ● | | | ● | | | | ● | | | | | ● | ● |
| | ● | | | ● | | | | ● | | | | | ● | ● |
| | ● | ● | | ● | | | | | | | ● | ● | ● | ● |
| | | ● | | | | | | ● | | | ● | | ● | |
| ● | ● | | | ● | ● | ● | ● | ● | ● | | ● | ● | ● | ● |
| ● | ● | | | ● | ● | ● | ● | ● | ● | | ● | ● | ● | ● |
| ● | ● | | | ● | ● | ● | ● | ● | ● | | ● | ● | ● | ● |
| 39 | 35 | 35 | 26 | 51 | 39 | 39 | 39 | 37 | 39 | 25 | 49 | 44 | 50 | 39 |

## 資料2　被告訴因一覧表

| 罪 | 区分 | 訴因 | 訴因番号＼被告名 | 荒木 | 土肥原 | 橋本 | 畑 | 平沼 | 広田 | 星野 | 板垣 | 賀屋 | 木戸 |
|---|---|---|---|---|---|---|---|---|---|---|---|---|---|
| 平和に対する罪 | | 共同謀議 | 1～5 | ● | ● | ● | ● | ● | ● | ● | ● | ● | ● |
| 平和に対する罪 | | 国際法違反 | 6～17 | ● | ● | ● | ● | ● | ● | ● | ● | ● | ● |
| 平和に対する罪 | 開戦 | 対中国 | 18 | ● | ● | ● | | ● | | | ● | | |
| 平和に対する罪 | 開戦 | 対中国 | 19 | ● | ● | ● | ● | ● | ● | ● | ● | ● | ● |
| 平和に対する罪 | 開戦 | 対米 | 20 | | ● | | | ● | ● | ● | | ● | ● |
| 平和に対する罪 | 開戦 | 対比 | 21 | | ● | | | ● | ● | ● | | ● | ● |
| 平和に対する罪 | 開戦 | 対英 | 22 | | ● | | | ● | ● | ● | | ● | ● |
| 平和に対する罪 | 開戦 | 対仏 | 23 | ● | ● | | | ● | ● | ● | ● | | ● |
| 平和に対する罪 | 開戦 | 対タイ | 24 | | ● | | | ● | ● | ● | | ● | ● |
| 平和に対する罪 | 開戦 | 対ソ連 | 25 | ● | ● | | ● | ● | ● | ● | ● | | ● |
| 平和に対する罪 | 開戦 | 対ソ連 | 26 | ● | ● | | ● | ● | | | ● | | ● |
| 平和に対する罪 | 遂行 | 対中国 | 27 | ● | ● | ● | ● | ● | ● | ● | ● | ● | ● |
| 平和に対する罪 | 遂行 | 対中国 | 28 | ● | ● | ● | ● | ● | ● | ● | ● | ● | ● |
| 平和に対する罪 | 遂行 | 対米 | 29 | ● | ● | ● | ● | ● | ● | ● | ● | ● | ● |
| 平和に対する罪 | 遂行 | 対比 | 30 | ● | ● | ● | ● | ● | ● | ● | ● | ● | ● |
| 平和に対する罪 | 遂行 | 対英 | 31 | ● | ● | ● | ● | ● | ● | ● | ● | ● | ● |
| 平和に対する罪 | 遂行 | 対オランダ | 32 | ● | ● | ● | ● | ● | ● | ● | ● | ● | ● |
| 平和に対する罪 | 遂行 | 対仏 | 33 | ● | ● | | | ● | ● | ● | ● | | ● |
| 平和に対する罪 | 遂行 | 対タイ | 34 | ● | ● | ● | ● | ● | ● | ● | ● | ● | ● |
| 平和に対する罪 | 遂行 | 対ソ連 | 35 | ● | ● | | ● | ● | ● | ● | ● | | ● |
| 平和に対する罪 | 遂行 | 対ソ連 | 36 | ● | ● | | ● | ● | | | ● | | ● |
| 殺人の罪 | | | 37 | | ● | | | ● | ● | ● | | ● | ● |
| 殺人の罪 | | | 38 | | ● | | | ● | ● | ● | | ● | ● |
| 殺人の罪 | | 真珠湾 | 39 | | ● | | | ● | ● | ● | | ● | ● |
| 殺人の罪 | | マレー | 40 | | ● | | | ● | ● | ● | | ● | ● |
| 殺人の罪 | | 香港 | 41 | | ● | | | ● | ● | ● | | ● | ● |
| 殺人の罪 | | ペテレル号 | 42 | | ● | | | ● | ● | ● | | ● | ● |
| 殺人の罪 | | 比島 | 43 | | ● | | | ● | ● | ● | | ● | ● |
| 殺人の罪 | | | 44 | ● | ● | ● | ● | ● | ● | ● | ● | ● | ● |
| 殺人の罪 | | 南京 | 45 | ● | | ● | ● | ● | ● | | ● | ● | ● |
| 殺人の罪 | | 広東 | 46 | ● | | ● | ● | ● | ● | | ● | ● | ● |
| 殺人の罪 | | 漢口 | 47 | ● | | ● | ● | ● | ● | | ● | ● | ● |
| 殺人の罪 | | 長沙 | 48 | | | | ● | | | | | | ● |
| 殺人の罪 | | 衡陽・柳州 | 49 | | | | ● | | | | | | ● |
| 殺人の罪 | | 桂林 | 50 | | | | ● | | | | | | ● |
| 殺人の罪 | | ソ連 | 51 | ● | ● | | ● | ● | | | ● | | ● |
| 殺人の罪 | | ソ連 | 52 | ● | ● | | ● | ● | ● | ● | ● | | ● |
| 通例の戦争犯罪並びに人道に対する罪 | | | 53 | | ● | | ● | | | ● | ● | ● | ● |
| 通例の戦争犯罪並びに人道に対する罪 | | | 54 | | ● | | ● | | | ● | ● | ● | ● |
| 通例の戦争犯罪並びに人道に対する罪 | | | 55 | | ● | | ● | | | ● | ● | ● | ● |
| | | | 計 | 38 | 49 | 30 | 41 | 49 | 45 | 45 | 41 | 43 | 54 |

上段が判事席で、中段は各判事の秘書の席

# 第4章

## 東京裁判の構成員たち

東京裁判は、裁判官、検察官、日米の弁護士などの構成員からなり、開廷された。判事も検事もすべて戦勝国から選ばれた法廷であったことから「勝者の裁き」ともいわれる。

裁判官、検察官は日本の降伏文書に署名した9か国から出され、その後、条例の一部修正によって2か国の代表がつけ加えられた。裁判である以上、当然弁護人も存在し、その弁護人選びは、被告人たちがかつて政府や軍部の中枢にいた人たちだったため難航したという。ここでは、裁判官11人、検察官11人、多数の弁護人の経歴と素顔をできる限り紹介していく。

# 裁判官の陣容

## 11か国の戦勝国代表で構成された判事団

東京裁判の裁判官は、当初マッカーサー元帥によって制定公布された「極東国際軍事裁判所条例」に基づいて、日本の降伏文書に署名したアメリカ、イギリス、ソ連、中華民国、オーストラリア、オランダ、フランス、カナダ、ニュージーランドの9か国から出されることになっていた。しかし、昭和21年4月26日に条例が一部改修され、新たにフィリピンとインドの代表が加えられ、11人になった。そのうちの1人が、のちに全裁判官で唯一「被告全員無罪」の判決を下すインド代表のパル判事だった。

判事11名は次の人たちだった。

東京裁判は日本国民注目の「イベント」でもあった。東京裁判の初日の傍聴を待つ特別傍聴招待客の列。1946年5月3日（米軍撮影）

# 反日主義者ウェッブ裁判長に率いられた判事団

## オーストラリア代表　ウィリアム・F・ウェッブ（裁判長）（1887～1972）

ウェッブ裁判長
（オーストラリア代表）

マッカーサー元帥は、裁判長にオーストラリア代表のウェッブを任命した。ブリスベーンに生まれたウェッブは、クイーンズランド大学を卒業後弁護士を経てクイーンズランド州の法務次官となった。そして１９４０年から46年まで同州の高等法院主席判事を務めていた。児島襄の『東京裁判』によれば「日本でいえば、地方裁判所の古参判事といったところ」という。ちなみに東京裁判後は１９５８年までオーストラリア連邦高等裁判所の判事を務めている。

ウェッブはオーストラリアの法曹界では「公正にして精緻な判断が彼の特徴」と評されていたというが、「東京裁判の裁判長」としては問題を抱えていた。彼は太平洋戦争終結直後の１９４５年9月に、あるレポートを発表している。

連合国にウェッブの名が知られることになるこの報告書は、昭和17年（１９４２）に日本軍がニューブリテン島ラバウルの攻略に際して、約１５０名のオーストラリア人と現地住民を虐殺したといわれる事件の調査報告である。オーストラリア政府の依頼を受けたウェッブは、現地調査を行って日本軍の残虐行為を暴く報告書をまとめた。そして１９４４年にはイギリスの連合国戦争犯罪委員会にも加わっていた。

天皇の訴追を強く求めていたオーストラリア政府は、そうした経歴をもつ反日色の強いウェッブをオーストラリア代表判事に選び、日本の天皇を法廷で裁く強い意思表示をしたともみられる。

実際、裁判は検察側に有利なように進められることが多く、検察に不利な発言や意見が弁護側から出されるとあからさまに遮ったり、理不尽に却下するなどといった場面がしばしば見られた。そこには「公正にして精緻な判断」はなりをひそめていた。

ただし、ウェッブ自身も天皇をなんとか法廷に立たせようとしていたから、天皇の不起訴を決めているアメリカ政府を代表するキーナン首席検事とは、しばしば激しく対立した。

東京裁判が「勝者の裁き」と言われ、現在も批判と論議の対象となっているのは、ウェッブに代表される判事団がすべて戦勝国の派遣判事で、中立国出身者が1人もいなかったことがある。

ウェッブ裁判長以外の各国代表判事は次のとおりである。

カナダ代表判事　**E・スチュワート・マクドゥガル**（モントリオール高等法院判事）

中華民国代表判事　**梅《ばい》　汝璈《じょこう》**（南開・武漢両大学教授、立法院外交委員会委員長代理）

フランス代表判事　**アンリー・ベルナール**

オランダ代表判事

**バーナード・V・A・レーリンク**（ユトレヒト裁判所判事、同大学教授）

ニュージーランド代表判事

**エリマ・ハーベー・ノースクロフト**（ニュージーランド最高法院判事）

ソ連代表判事

**I・M・ザリヤノフ**（法務少将。陸大法学部長）

イギリス（大ブリテン・北アイルランド連合王国）代表判事

**ウィリアム・ドナルド・パトリック**（王室顧問弁護士、スコットランド高等法院判事、王立法科大学評議員）

アメリカ合衆国代表判事

**ジョン・P・ヒギンズ、のちマイロン・C・クレーマー**（マサチューセッツ高等法院院長）

インド代表判事

**ラーダ・ピード・パル**（カルカッタ大学教授、高等法院判事、国際法学会会員）

フィリピン代表判事

**D・ハラニーリャ**（高等法院陪席判事）

本項執筆・山崎　遊（太平洋戦争研究会）

ベルナール判事
(フランス代表)

梅汝璈判事
(中華民国代表)

マクドゥガル判事
(カナダ代表)

ノースクロフト判事
(ニュージーランド代表)

レーリンク判事
(オランダ代表)

クレーマー判事
(アメリカ代表)

パトリック判事
(イギリス代表)

ザリヤノフ判事
(ソ連代表)

ハラニーリャ判事
(フィリピン代表)

パル判事
(インド代表)

# 検察官の陣容

## アメリカ人スタッフが大半を占めた国際検察局

昭和22年12月8日、東京裁判で首席検事を務めることになるジョセフ・B・キーナン率いるアメリカの検事団がもっとも早く来日した。

30名を超える米検察スタッフにはＦＢＩ出身者が多く含まれており、彼らの導入したＦＢＩ方式のやり方で戦犯の選定作業を進めた。そのために米検察スタッフは毎日のようにスガモプリズンに足を運び、収容されている容疑者たちの聴取を精力的に行った。米国務省が日本の降伏文書に署名した9か国に代表検事と判事を派遣するよう要請するのは、こういった作業が進められる最中の昭和20年12月28日だった。

連合国の検事団。写真は最終論告が終わってホッとしているシーン

粟屋憲太郎の『東京裁判への道』（講談社選書メチエ）によれば、東京裁判の国際検察局には、開廷1年後の記録によれば総計４８７名のスタッフが働いていたとある。スタッフはアメリカ人が大半を占め、陸軍省所属の文官が１０５名、陸軍将校28名、海軍将校6名、下士官25名で、これらのなかには通訳や翻訳を担当する日系2世もかなり含まれていた。また翻訳などに従事した日本人も２２０名いたという。

アメリカに次いで多くのスタッフを派遣してきたのはソ連で、47名が来日しているが、残る他の国々は2～3名の法律家と数名の事務職員で構成されていた。

しかし、いかに多くのスタッフを派遣していようとも、それぞれの国を正式に代表するのは代表検事1名で、マッカーサー司令官からそれら代表検事の首席検察官に指名されたのがキーナン検事だった。

法廷で尋問するキーナン首席検事

# A級戦犯を選び、起訴した検察官たち

## アメリカ合衆国代表検察官　ジョセフ・B・キーナン（首席検事）（1888〜1954）

キーナンは１８８８年（明治21）にロードアイランド州で生まれた。ハーバード大学ロースクールを卒業し、オハイオ州クリーブランドで弁護士業を始めた。しかし第１次世界大戦が勃発し、キーナンは応召して野戦重砲隊の将校としてヨーロッパ戦線に従軍した。そして戦後はオハイオ州北部で検察官となった。

この検事時代の１９３２年に初めて政治との関わりをもった。すなわち米大統領選に立候補した民主党のフランクリン・ルーズベルトを応援したことである。そしてルーズベルト政権が誕生すると、司法長官特別補佐官に任命され、中央進出を果たす。ここでキーナンは暴力犯罪の防止策を講じ、ギャングの一掃に努めた。さらにキーナンは犯罪増加の全国情勢調査を指導し、連邦捜査局（ＦＢＩ）の機構拡大を含む必要な法律に関する報告を議会に提出した。

やがてキーナンは全米の検察業務を統括する司法省刑事部長に就任し、ギャングや誘拐犯などの検挙、取り締まりを指揮し、司法次官補の地位に就いた。１９３９年、司法省を退職してワシントンとクリーブランドの法律事務所（弁護士）に復帰した。夫人との間に３児がある。

こうした〝ギャング退治のボス〟だったせいか、キーナンは万事に高圧的で「鬼検事」と評され、他の連合国検事たちの評判はすこぶる悪かった。

キーナン首席検察官以外の陪席検察官は次のようである。

### 中華民国代表検察官　向《こう》　哲濬《てつしゅん》

１８９６年湖南省寧郷《ねいきょう》に生まれる。精華大学卒。エール大学、ジョージ・ワシントン大学留学。北京大学英語教授、北京弁護士協会員、国立中央大学法律教授、司法院書記官、外交部条約委員、蘇州地方法院長兼判事、上海第１地方院首席収税官、中国高等法院収税官、上海高等法院検事長。

### イギリス（大ブリテン・北アイルランド連合王国）代表検察官　アーサー・コミンズ・カー

１８８２年ロンドンに生まれる。オックスフォード大学（ウィンチェスター）卒。１９０８年に法曹界入りし、１９３３～34年自由党の下院議員。１９３４年に王室顧問弁護士になる。国際検察官委員会の委員長。20年以上の法律的経験をもち、地方税の専門家としてイギリスでは10指に数えられる。

法律の実務家としての生活を続けたいとの希望から宣伝を嫌い、司法官としての高位も拒否してきた。イギリス法曹界の指導者の１人。それだけに法律家としてのプライドも高く、キーナン首席検事の高圧的、横柄な態度には我慢がならなかったらしく、「彼は大酒飲みで、白とも黒とも判別できないような人物だ」と酷評している。

## ソ連代表検察官　S・A・ゴルンスキー

１８９５年モスクワに生まれる。１９１７年モスクワ大学法科卒。１９３８年法学博士となる。

大学卒業後、モスクワ検事局で実地研究をするとともに、科学的調査を行い、刑事訴訟法ならびに法律学を習得し、刑事訴訟法や法律論の著書を多数著す。

モスクワ法律学校、ソ連邦法律アカデミー、赤軍法律アカデミーなどで教鞭を執り、１９３８年にソ連法学アカデミーの一員となる。東京裁判で来日時はソ連外務人民委員会の法律および条約部の一員で、同委員会委員であった。

鋭いたたき込み式尋問で弁護人も感心した英国代表検事のコミンズ・カー

## オーストラリア代表検察官　アラン・ジェームス・マンスフィールド

１９０２年クイーンズランド州に生まれる。シドニー大学卒。１９２４年にニュー・サウス・ウェールズ、クイーンズランド両大審院法廷弁護士になる。１９４０年までクイーンズランドで法廷弁護士。この間、クイーンズランドの法律学校で破産法、同大学で商法、会社法、破産法を講義する。

１９４０年にクイーンズランド大審院判事となり、１９４３～45年度クイーンズランド土地控訴院長。１９４０～45年外人法院長。１９４４年クイーンズランド工業法院長代理。

## カナダ代表検察官　ヘンリー・グラタン・ノーラン

アルバータ州カルガリーに生まれる。１９１４年アルバータ大学卒。１９２１年ユニバーシティカレッジ法科卒。

１９２２年、グレーズ・インに弁護士として招かれる。そしてカルガリーでベネット子爵とともに活躍、大審院で弁護に立つ。１９３４年に王室顧問弁護士に選ばれる。

第１次世界大戦ではヨーロッパ戦線を転戦し、１９１８年に負傷、勇敢・迅速なる行動を賞されて十字勲章を受章する。第２次大戦には法務官として再びカナダ軍に加わった。

１９４４年に法務官局次長となり、准将に昇進。１９４６年コマンダー勲章を受章する。

## フランス代表検察官　ロベル・L・オネト

１９１１年生まれ。１９３１年にポアティエ大学で法学博士の学位を受ける。ポアティエ控訴院法廷弁護士、司法省に入り治安判事、パリ控訴院検事団員、１９３９～43年検察長官を務める。ドイツ占領下のフランスにあって、オネト氏は抗戦派の一員だったため１９４４年に狙撃され、危ういところで死を免れている。

終戦後、ベルサイユ戦争犯罪特別裁判所検事局首席検事を務め、のち司法省に呼ばれて新フランスの法律再建に協力していた。東京裁判代表検事に指名されるまではメーレンにあるセイヌ、マルタ両県の刑事裁判所首席検事であった。

## オランダ代表検察官　W・G・Fボルゲルホフ・マルデル

１８８８年オランダのアルクマールに生まれる。ライデン大学法学部卒。ハーグで弁護士となり、蘭印（オランダ領インドシナ・現インドネシア）に渡って10年間弁護士活動をする。帰国後も弁護士活動をしていたが、ハーグ地方裁判所代理判事に任命され、ハーグ地方裁判所判事となる。東京裁判当時の現職はハーグ政治犯、戦争犯罪に対する特別法廷判事。

### ニュージーランド代表検察官　**ロナルド・ヘンリー・クイリアム**

1891年ニュー・ブリーマスに生まれる。ネルソン・カレッジ、ビクトリアカレッジ卒。ニュージーランド大学で法律を学ぶ。1914年にニュージーランド大審院法廷弁護士《バリスター》・弁理士となる。第1次世界大戦勃発で1915～18年はヨーロッパ戦線に従軍。1920年に公証人、ニュージーランド大学刑法試験官になる。

第2次大戦下の1939～44年は、ウェリントン陸軍軍司令部にあって動員計画に参画。陸軍准将。

### インド代表検察官　**コミンズ・カー**（イギリス代表が代理）　**ゴビンダ・メノン**（副検察官）

### フィリピン代表検察官　**ペドロ・ロペス**

1906年セブ市に生まれる。1929年ナショナル大学卒。

来刑法、団体法を研究するかたわらセブにおける各新聞を主宰する。セブ新聞協会会長、セブ弁護士連盟理事長などを務め、１９４１年に国会議員に選出される。日本軍占領下時代はセブ市の傀儡《かいらい》市長に擬せられたが、山中に逃れて抗日ゲリラに身を投じた。そして１９４４年に米比軍がレイテ島を奪還後、オスメニア大統領によってフィリピン復興委員会の一員としてワシントンに特派された。同委員会は米議会がフィリピン復興のための助言をする機関の母体としてつくったものである。

ロペス氏はその後の連合国の各種会議にフィリピン代表として出席し、東京裁判にもフィリピン代表検察官として派遣されてきた。

本項執筆・平塚柾緒（太平洋戦争研究会）

# 弁護団の陣容

## 弁護人選びに苦労した日本側

東京裁判は判事も検事もすべて戦勝国から選ばれた法廷で行われたことから、「勝者の裁き」といわれるが、裁判である以上、当然弁護人も存在した。弁護人には通常の裁判では不可欠の弁護士資格がない人でもよかった。しかし、被告人たちはかつての大日本帝国の政府や軍部の中枢にいた人たちだったため、弁護人選びは難航した。

当初、被告とその家族は陸軍省や海軍省、弁護士会などに弁護人を依頼していた。なかには被告の知人、友人が自ら買って出る場合もあった。ところが東条英機被告の弁護人はなかなか決まらず、陸軍省の幹部を悩ませた。困った陸軍省は、衆議院副議長や東京弁護士会の会長などを歴任

ウェッブ裁判長の判決文朗読に聞き入る弁護団。写真左の一番高い場所にいるのが判事団で、１段低い場所は法廷書記の席。そして一番手前のテーブルが主任弁護人席になっている

し、戦争末期には陸軍省の国際法顧問団にも嘱託していた清瀬一郎弁護士に頼みこんだ。清瀬は「本人が同意するなら」と条件をつけた。結局、清瀬は引き受け、それまでの実績と著名さから弁護団の副団長も務めることになる。その清瀬は、法廷では裁判官を狼狽させるほどの論戦を展開する一方で、日本の戦争は自衛戦争だと主張し、関係者やマスコミから痛烈に批判されることもあった。

ともあれ被告全員の弁護人が決定し、日本人弁護団の団長には鵜沢総明《うざわそうめい》弁護士が就任した。また、裁判は英米法で行われるため、マッカーサーは日本の終戦連絡事務所の申し出を容れて、アメリカ本国に日本人弁護人を補佐する弁護団の派遣を要請していた。その米人弁護人たちも4月末までに続々来日してきた。

開廷3日目の昭和21年5月6日、キーナン首席検事（左）と意見をぶつけ合う清瀬一郎弁護人

## 検察陣に対して圧倒的に不利な弁護団

東京裁判の検事団は代表検事は11名だが、その専門スタッフは前記したように５００名近い大所帯だった。そのうえＧＨＱの後ろ楯があったから、資料収集や証人尋問も自由自在にできた。経費も潤沢だった。

対する弁護団はすべてにわたってナイナイづくしだ

った。スタッフ数はもちろん、日本人弁護人の大半は手弁当での活動だった。資料集めや証人獲得もままならなかった。そして法廷では、弁護人は反日色を鮮明に打ち出す検察陣と判事団を向こうに回して戦わなければならなかった。

だが、日本人弁護人はもとより、アメリカ人弁護人は真剣に被告の弁護に取り組んだ。敵国から派遣されてきた軍人弁護人が多いにもかかわらず、彼らは日本人弁護団が驚くほどの熱心さで弁護活動に専心した。デイビット・スミス弁護人、ベンブルース・ブレイクニー弁護人、ウィリアム・ローガン弁護人、ジョージ・ブルーエット弁護人などである。

アメリカ人弁護人は別表（178ページ）の「東京裁判弁護人一覧」に掲載のとおりだが、これらアメリカ人弁護人には右記したような熱心組、被告側がなにを考えているかを盗もうとするスパイ組、そして中間組の3種類がいたといわれている。

さらに弁護団はもうひとつやっかいな問題を抱えていた。それは日本人弁護団の方針は、個人弁護よりも国家弁護を優先するものだったことだ。それでも一部の被告と弁護団は個人弁護を優先することがあった。そのため、被告人同士で非難の応酬が相次ぐという事態も発生した。特に軍人被告と文官被告の対立が激しかった。たとえば木戸幸一被告と橋本欣五郎・佐藤賢了被告、東郷茂徳被告と梅津美治郎被告らは表情を荒げてやり合う場面も見せた。

しかし、弁護人たちはさまざまな問題を抱えながらも、裁判を戦い抜かなければならなかった。その弁護人のうち、日本人弁護人の主な人たちは次のとおりである。

# 日本側弁護団の陣容

松井石根被告、白鳥敏夫被告の弁護人

## 鵜《う》沢《ざわ》総《ふさ》明《あき》（日本側弁護団長）（1872～1955）

鵜沢総明

千葉県出身・裁判当時75歳。明治32年に東大独法科を卒業後、弁護士となる。明治大学講師を経て3回にわたり同大学の総長を務め、41年には法学博士号を取得。また6回の代議士当選を果たし、昭和5年～12年まで貴族院議員を務めた。弁護士としては幸徳秋水事件、帝人事件をはじめ数多くの著名事件を担当している。

東条英機被告、佐藤賢了被告の弁護人

## 清瀬一郎（日本側弁護団副団長）（1884～1967）

清瀬一郎

兵庫県出身・裁判当時63歳。明治40年に京大法科を卒業後、弁護士を開業する。イギリス、ドイツ、フランス留学後、大正10年に法学博士となる。代議士当選は8回に上り、昭和2年に衆議院副議長、15年には翼賛会総務と国民同盟、選挙改正審議会委員、法制審議会臨時委員を兼任した。5・15事件などを担当している。

### 松岡洋右被告の弁護人　小林俊三《しゅんぞう》

東京出身・裁判当時59歳。大正3年に東大法科を卒業。三菱合資会社勤務を経て5年に弁護士を開業する。15から6年間にわたって第2東京弁護士会の会長を務め、その後中央大学の教授となる。

### 星野直樹被告の弁護人　藤井五《ご》一郎《いちろう》

山口県出身・裁判当時55歳。大正7年に東大法科卒業後、司法官となる。12年にドイツに留学し、帰国後東京刑事地方裁判所部長、蒙古連合自治政府司法部長を歴任。昭和17年に東京控訴院部長判事となり、終戦後の公職追放令によって退官、弁護士を開業する。

法廷内の弁護団室で打ち合わせをする日本人弁護団。立って説明をしているのが日本側弁護団長（首席）の鵜沢総明弁護人

### 木村兵太郎被告の弁護人　塩原時《とき》三郎《ざぶろう》

長野県出身・裁判当時51歳。大正9年に東大独法科を卒業後、終戦までに貯金局事務官、通信事務官、簡易保険局事務官、台湾総督府交通局参事、清水市長、満州国国務院総務庁人事処長、朝鮮総督府秘書官、学務局長、厚生省職業局長、通信省電気局長、逓信院総裁を歴任する。終戦後、公職追放令により退官、弁護士を開業する。

### 広田弘毅被告の弁護人　花井　忠《ただし》

茨城県出身・裁判当時53歳。大正8年に東大独法科を卒業し、12年に弁護士を開業する。昭和4年ドイツに留学し、18年に東京第1弁護士会会長を務める。戦後、中央大学教授。

弁護人のジョージ・F・ブルーエットと清瀬一郎と休延中に打ち合わせをする東条英機

**平沼騏一郎被告の弁護人　宇佐美六郎**

山形県出身・裁判当時55歳。大正6年に東大英法科を卒業。東京、大阪地方裁判所判事を経て天津領事となる。退職後に弁護士を開業。イギリス法曹学院インナー・テンプルを卒業し、イギリス法廷弁護士の資格をもつ。

**木戸幸一、東郷茂徳両被告の弁護人　穂積《ほづみ》重威《しげたか》**

東京出身・裁判当時54歳。大正7年に東大法科を卒業後、英国ミッドテンプル、フランス、アメリカに留学。昭和12年に弁護士を開業し、中央大学教授、関東電気工業、順安砂金で取締役、浅野同族、浅野物産、浅野石炭部で監査を務めた。

**嶋田繁太郎被告弁護人　高橋義次《よしつぐ》**

宮城県出身・裁判当時65歳。大正2年に日本大学英法科を卒業。芝区会議長、東京市議、東京市青少年副団長を歴任。2回の代議士当選を果たす。

### 大川周明被告の弁護人　大原信一

新潟県出身・裁判当時44歳。昭和3年慶應義塾大学を卒業後、弁護士を開業する。

### 南次郎被告の弁護人　竹内金太郎

新潟県出身・裁判当時77歳。明治32年に東大英法科を卒業後、弁護士を開業し多くの事件を担当する。元官吏。

### 重光葵被告の弁護人　高柳賢三

埼玉県出身・裁判当時60歳。明治44年に東大英法科を卒業後、同大助教授を経て大正9年に教授となる。戦後、外務省の法律顧問となり、戦犯関係資料を収集する。東京裁判で初めて法廷に立った。

### 小磯国昭被告の弁護人　三文字《さんもんじ》正平《しょうへい》

宮城県出身・裁判当時56歳。大正6年に東大独法科を卒業し、12年12月まで法律以外の仕事をしていたが、のちに弁護士を開業する。

絞首刑の判決を受け、処刑された7戦犯の〝遺骨奪還〟を密かに謀った人。

### 鈴木貞一被告の弁護人　長谷川元吉

島根県出身・裁判当時58歳。大正8年に京大法科、15年にイギリス法曹学院インナー・テンプルを卒業。元イギリス総領事で、同国法廷弁護士の資格を持つ。

### 梅津美治郎被告の弁護人　三宅正一郎

東京出身・裁判当時60歳。明治44年に東大法科を卒業後、東京地方裁判所判事、部長、名古屋控訴院部長、大審院判事、東京地方裁判所所長、札幌控訴院長、司法次官等を歴任し、退官後に弁護士を開業。

### 荒木貞夫被告の弁護人　菅原　裕

長崎県出身・裁判当時53歳。大正7年に明治大学法科を卒業し、12年に弁護士を開業する。5・15事件などを担当する。

### 永野修身被告の弁護人　奥山八郎

鹿児島県出身・裁判当時60歳。大正3年に東大独法科を卒業後、弁護士を開業。第2東京弁護士会副会長を務めた。

### 武藤章被告の弁護人　岡本尚一

三重県出身・裁判当時56歳。大正13年に独学で司法科の高等試験に合格し、司法官試補を経て弁護士となる。大阪弁護士会副会長を経て大日本弁護士会総合会専務理事を務めた。

### 賀屋興宣被告の弁護人　高野弦雄

熊本県出身・裁判当時59歳。大正4年に東大法科を卒業後、弁護士を開業し、多くの事件を担当する。

### 橋本欣五郎被告の弁護人　林　逸郎（弁護団連絡部長）

岡山県出身・裁判当時55歳。大正9年に東大卒業後弁護士となり、刑事部を専門に扱った。東京弁護士会会長、大日本弁護士会総合会総務理事を歴任し、法政大学教授を務めた。主な事件に5・15事件、血盟団事件などがある。

### 畑俊六被告の弁護人　神崎正義

神奈川県出身・裁判当時46歳。昭和2年に中央大学法科を卒業し、4年に弁護士を開業。帝人事件などを担当する。

### 板垣征四郎被告の弁護人　山田半蔵

東京出身・裁判当時50歳。大正5年に中央大学を卒業。山梨半造勲章事件、逓信事件などを担当。

### 土肥原賢二被告の弁護人　加藤隆久

裁判当時55歳。大正6年に明治大学を卒業し、10年に弁護士を開業。主に刑事事件を担当。土肥原の弁護人は、当初は塚崎直義だったが、のちに太田金次郎に代わり、加藤は補佐弁護人として活躍した。

### 岡敬純被告の弁護人　宗宮《そうみや》信次

岐阜県出身・裁判当時54歳。日大卒業後、外務省顧問、日大講師を務める。上海、アンボンのBC級戦犯裁判にも派遣される。

なお、裁判が開始されるにおよんで、鵜沢弁護人は弁護団長に専任することになり、そのため次のように弁護人の一部変更があった。

大島浩被告の弁護人に**島内龍起**、白鳥敏夫被告の弁護人に**成富信夫**、松井石根被告の弁護人に**伊藤清**、佐藤賢了被告の弁護人**草野豹一郎**弁護人である。

本項執筆・山崎　遊（太平洋戦争研究会）

## 資料3 東京裁判弁護人一覧

| 被告 | 日本人弁護人 | アメリカ人弁護人 | 補佐弁護人 |
|---|---|---|---|
| 荒木貞夫 | 菅原　裕 | ローレンス・マクマナス | 蓮岡高明、徳岡二郎 |
| 土肥原賢二 | 塚崎直義のち太田金次郎 | フランクリン・ウォーレン | 加藤隆久、木村重治 |
| 橋本欣五郎 | 林　逸郎 | E・R・ハリス | 金瀬薫二、岩間幸平、菅井俊子 |
| 畑　俊六 | 神崎正義 | A・G・ラザラス | 国分友治、今成泰太郎 |
| 平沼騏一郎 | 宇佐美六郎 | サムエル・J・クライマン | 澤　邦夫、毛利与一 |
| 広田弘毅 | 花井　忠 | デイビット・F・スミス<br>のちジョージ・山岡 | 安東義良、守島伍郎 |
| 星野直樹 | 藤井五一郎 | ジョージ・C・ウィリアムス | 右田政夫、松田令輔 |
| 板垣征四郎 | 山田半蔵 | フロイド・J・マタイス | 佐々川知治、阪埜淳吉 |
| 賀屋興宣 | 高野弦雄 | マイケル・レヴィン | 田中康道、藤原謙治、山際正道 |
| 木戸幸一 | 穂積重威 | ウィリアム・ローガン | 木戸孝彦 |
| 木村兵太郎 | 塩原時三郎 | ジョセフ・C・ハワード | 是恒達見、阿部　明 |
| 小磯国昭 | 三文字正平 | アルフレッド・W・ブルックス | 高木一也、三町恒久、小林恭一、松阪時彦 |
| 松井石根 | 鵜沢総明のち伊藤清 | フロイド・J・マタイス | 上代琢禅、大室亮一 |
| 松岡洋右 | 小林俊三 | フランクリン・ウォーレン | 不明 |
| 南　次郎 | 竹内金太郎のち岡本敏男 | ウィリアム・J・マコーマック<br>のちアルフレッド・ブルックス | 松澤龍雄、近藤儀一 |
| 武藤　章 | 岡本尚一 | ロージャー・F・コール | 佐伯千仭、原　清治、松崎　巖 |
| 永野修身 | 奥山八郎 | ジョン・G・ブラナン | 安田重雄 |
| 岡　敬純 | 宗宮信次 | フランクリン・ウォーレン | 小野清一郎、稲川龍雄 |
| 大川周明 | 大原信一 | アルフレッド・W・ブルックス | 金内良輔、福岡文子 |
| 大島　浩 | 塚崎直義のち島内龍起 | オーウェン・カニンガム | 内田藤雄、牛場信彦 |
| 佐藤賢了 | 清瀬一郎のち草野豹一郎 | ジェームス・N・フリーマン | 藪馬伊三郎、藤沢親雄 |
| 重光　葵 | 高柳賢三 | ジョージ・A・ファーネス | 金谷静雄、三浦和一 |
| 嶋田繁太郎 | 高橋義次 | エドワード・P・マグダモット | 滝沢政次郎、祝島男、鈴木　勇 |
| 白鳥敏夫 | 鵜沢総明のち成富信夫 | チャールズ・B・コードル | 佐久間信、広田洋二 |
| 鈴木貞一 | 長谷川元吉のち高柳賢三 | マイケル・レヴィン | 戒能通孝、加藤一平 |
| 東郷茂徳 | 穂積重威のち西春彦 | チャールズ・T・ヤング<br>のちジョージ・山岡 | 加藤伝次郎、新納克己 |
| 東条英機 | 清瀬一郎、塩原時三郎 | ビーバレー・M・コールマン<br>のちジョージ・M・ブルーエット | 松下正寿 |
| 梅津美治郎 | 三宅正一郎のち宮田光雄 | ベンブルース・ブレイクニー | 小野喜作、池田純久、梅津美一 |

## 資料4 東京裁判法廷略図

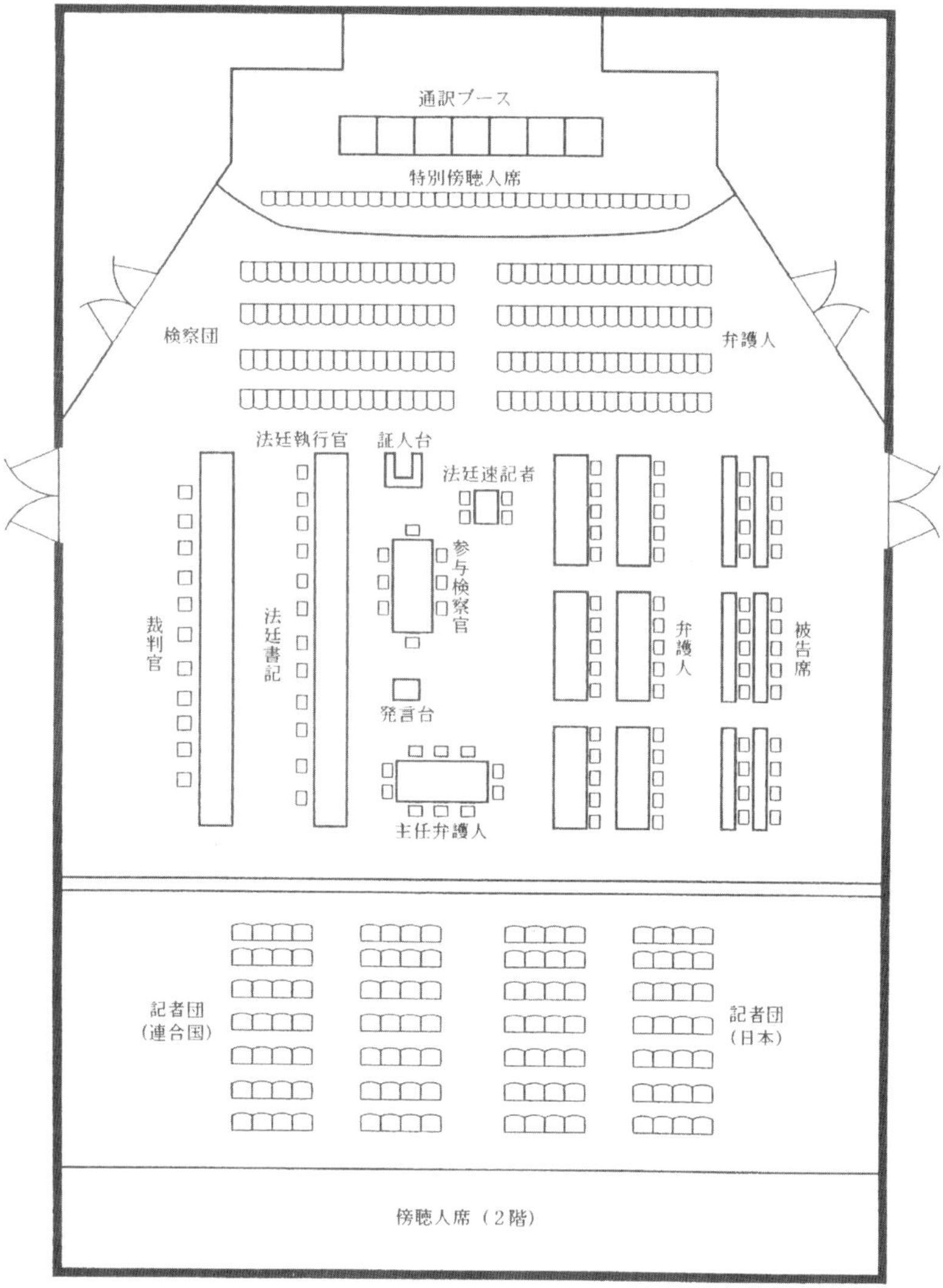

東京裁判の法廷で証言する証人たち

# 第５章

## 法廷の「証人」たちはなにを暴いたのか？

東京裁判では、東条英機《とうじょうひでき》らＡ級戦犯として起訴された人物だけではなく、多くの証人が裁判の準備段階から検察官の尋問に供述し、公判廷でも検事側証人として証言している。

とくに岡田啓介《おかだけいすけ》・米内光政《よないみつまさ》・若槻礼次郎《わかつきれいじろう》など重臣グループ、宇垣一成《うがきかずしげ》・石原莞爾《いしわらかんじ》・真崎甚三郎《まざきじんざぶろう》など予備役の軍人グループ、幣原喜重郎《しではらきじゅうろう》など外交官グループ、大内兵衛《おおうちひょうえ》など大学教授グループ、さらに満州国皇帝だった溥儀《ふぎ》や関東軍参謀の瀬島龍三《せじまりゅうぞう》らソ連側証人も検察側・弁護側双方の尋問に協力し、法廷の証言台にも立って内外の注目を集めた。

これら証人にこうした場が与えられたのは、連合国側に彼らの供述・証言を通じて日本軍部の侵略政策を告発させようという意図があったことはいうまでもない。

野口　恒（ジャーナリスト・昭和史研究家）

# ① 日本陸軍悲劇の体現者【東条英機の証言】

## 東条元首相は先の戦争をどう証言したか

元首相の東条英機陸軍大将は、日本陸軍70年の矛盾と悲劇を体現した人物である。

平凡な軍人で終わるはずであった彼の人生を大きく変えたのは、昭和11年（1936）2月26日に起こった2・26事件であった。この事件後、軍人が政治に関与することを戒めるため、粛軍人事が行われた。それにより政治と軍事に関心をもたず、また独自の見識や知識のない、軍務に忠実で命令と服従を頑《かたく》なに守り、妥協や調和を排し、偏狭で直情型の軍人が評価され、生き残ることになった。結果的に、東条のような軍人が模範とされるようになったのだ。

皮肉なことに、2・26事件によって東条は父親（東条英教陸軍少将）もなし得なかった陸軍首脳への道も夢ではなくなった。彼は昭和12年に関東軍参謀長に就任、翌13年には板垣征四郎陸相の下で陸軍次官・陸軍航空総監・陸軍航空総本部長に就き、昭和15年の第2次・第3次近衛内閣で念願の陸軍大臣に就任した。政治と軍事にほとんど関心がなく、指導者としての独自の見識や

東京裁判の法廷で証言する東条元首相

知識を持たない軍人が、時代の風潮に押されて政治と軍事を動かす最高位の地位に就くという、日本陸軍の矛盾と悲劇が生まれたのである。

日米開戦を回避しようとする近衛文麿首相に対して、東条はもち前の硬直した主戦論を唱え、第3次近衛内閣を退陣に追い込んだ。誰の説得にも応じない東条の頑固さに手を焼いた天皇の側近・木戸幸一は、日米開戦を回避しようとする昭和天皇の意向を踏まえて、「忠狂」とさえ呼ばれたほど天皇を崇拝していた東条を、あえて首相にすることで陸軍強硬派を抑えて、天皇の下命により日米交渉を続けざるをえないようにできると考えた。

## 戦争に引きずり込んだ張本人の裁判に世界が注目

こうして昭和16年10月に東条内閣が成立する。彼は内閣総理大臣兼内務大臣・陸軍大臣に就任し、そして内規を変えてまで陸軍大将に昇進した。

そしてこの年の12月8日、日本は米英蘭に宣戦布告して太平洋戦争に突入した。東条は昭和17年に外務大臣、18年には文部大臣・商工大臣・軍需大臣を兼任、19年には国務と統帥《とうすい》の一致・強化を図るためと称して、杉山元《すぎやまはじめ》参謀総長を辞任させて、自ら陸軍参謀総長に就任した。

しかし、独裁体制を強める東条内閣に危機感をもつ重臣たちの倒閣工作に追い詰められ、東条は昭和天皇に続投を直訴するが万策つき、昭和19年7月18日に総辞職した。そして、昭和20年9

月11日、GHQから戦犯容疑で逮捕令が出たことを知り、拳銃自殺を図ったが、失敗した。

東条は太平洋戦争開戦時の総理大臣であり、日本を戦争に引きずり込んだ張本人であることから、その裁判には世界中が注目した。昭和22年12月26日午後、提出された東条口供書とともに弁護人・清瀬一郎による冒頭陳述が行われた。その要旨は次の7点に要約される。

①日本はあらかじめ米英蘭に対す戦争を計画し、準備したものではない。
②対米英蘭の戦争は自存自衛のため真にやむをえず開始されたものである。
③日本政府は合法的開戦通告を攻撃開始前に米国に交付するため、周到な注意をもって手順を整えた。
④日本の大東亜政策の基調は東亜の解放、東亜の建設に協力することである。
⑤いわゆる軍閥は存在しない。
⑥統帥権は独立しており、旧憲法では陸海相を含む国務大臣はこれに干渉する権限はなかった。
⑦東条の行った軍政の特徴は統帥と規律にあった。

## 天皇の不訴追で利害が一致した東条と米国

アメリカ政府とマッカーサーは、占領政策に基づく高度な政治判断から「天皇を裁かず」、その代わり東条ら戦争指導者にすべての責任を負わせるという基本方針を決めていた。そのためアメリカ政府などの意を呈したキーナン首席検事らは、天皇には戦争責任はなく、東条らに自ら戦争責任を認めるよう画策を進めた。

その結果、東条が法廷の個人反証でどんな発言をするか、注目が集まった。キーナン検事の尋問に対して、東条は言った。

「戦争は私の内閣において決意しました。陛下はご意思に反したかも知れませんが、とにかく私の進言、統帥部その他責任者の進言によってしぶしぶご同意になったのが事実です。そして平和ご愛好のご精神は最後にいたるまで陛下はもっておられました」

東条は口供書でも「一切は自らに責任があり、天皇に責任はない。対米英蘭の戦争はあくまでも自衛戦争である」と主張した。

東条が裁判中もっとも努力を傾けたのは、天皇を戦犯にしないこと、天皇を法廷に引き出さぬことであった。その東条とキーナンの思惑は一致し、天皇は訴追を免れ、東条は絞首刑の判決を受けて、巣鴨拘置所の断頭台で生涯を閉じた。

## 「開戦は私の内閣において決意した。<br>一切は私に責任があり、天皇に戦争責任はない」

# ② 海軍の軍縮論者【岡田啓介の証言】

## 天皇の戦犯回避と海軍擁護に主眼

元首相の岡田啓介海軍大将は、一貫した軍縮支持者だった。昭和5年（1930）1月に開催されたロンドン海軍軍縮会議の日本代表の一員として会議に臨み、米国や英国と条約締結、「軍拡による米英との戦争は避け、国力の充実に努めるべし」との考えをもっていた。そのため、海軍強硬派や陸軍の反発は強かったが、日米開戦回避の主張は一貫して変えなかった。

岡田は首相をしていた昭和11年の2・26事件で反乱軍の襲撃を受けたが、義弟が身代わりとなって危うく難を逃れた。対米英開戦後の昭和18年には、和平派の重臣たちと連絡をとって東条内閣打倒運動を画策し、また戦局悪化後は終戦を決める鈴木貫太郎内閣実現に動き、終戦工作に奔走した。

岡田の口供書は昭和16年11月29日の重臣会議の内容と、同日天皇に進言したときの模様、さらに昭和19年7月の小磯国昭内閣、翌年4月の鈴木貫太郎内閣出現の経緯について述べたものである。

岡田啓介海軍大将

**岡《おか》田《だ》啓介《けいすけ》**

福井県出身。海軍大臣、内閣総理大臣、逓信大臣などを歴任。海軍大臣当時、軍事参議官としてロンドン海軍軍縮会議を迎え、「軍拡による米英との戦争は避け、国力の充実に努めるべし」という信念に基づき海軍部内の取りまとめに奔走。条約締結を実現した。

法廷での証人尋問では、キーナン首席検事が最後の元老であった西園寺公望が亡くなってから、昭和15年11月以降の元老制に代わる重臣会議について、その開戦前後に果たした役割について質問するとともに、天皇の戦争責任についても追及した。

岡田は、天皇や重臣たちが太平洋戦争の開戦に反対であったことを強調しながら、彼らが陸軍と衝突してまで開戦を阻止しようとしなかった理由について説明した。もし、陸軍と正面衝突になれば、陸軍は天皇に退位を強要して全権を掌握する可能性があった。荒木貞夫大将は、陸相時代に天皇を退位させて皇太子を即位させる計画をもっていたとまで述べている。

岡田証言の大きな特色は、海軍が一貫して侵略戦争や日米開戦に反対の立場であったことを強調している点である。検事の質問が天皇の戦争責任の存否をめぐる微妙な問題に及んだ際にも、岡田は「天皇は戦いを好まれなかったし、戦争を回避するようにあらゆる努力をしていたと確信もっていえる」と証言している。

## 「天皇は戦いを好まれなかった。海軍は一貫して侵略戦争に反対であった」

# ③ 海軍の良識派【米内光政の証言】

## 天皇擁護を強く打ち出した証言

元首相の米内《よない》光政海軍大将は、当時の軍人のなかでは珍しく国際的な視野をもった常識人であった。それは、第1次大戦後にロシア、ポーランド、ドイツ、中国などに駐在武官として勤務したことが多く、そのときの経験が広い視野から冷静に国際情勢を分析・洞察する能力を養ったといえる。彼は、日本の国力や国際情勢を客観的に見極めることができ、英米と協調する現実的な政治姿勢を終始貫いた。

昭和14年1月に第1次近衛内閣が総辞職し、その後を受けて誕生した平沼《ひらぬま》騏《き》一郎《いちろう》内閣の時代に、板垣征四郎陸相や陸軍が強硬に推し進める日独伊3国同盟には、海相として山本《やまもと》五十六《いそろく》海軍次官、井上成美《いのうえしげよし》軍務局長とともに断固反対の立場をとった。

米内は昭和15年1月に組閣するが、当然、米内に対する陸軍の反発は強く、陸軍は畑俊六陸相を辞任させて後継陸相を出さず、米内内閣を総辞職に追い込

米内光政海軍大将

**米内光政《よないみつまさ》**

岩手県出身。海軍軍人、政治家。第23代連合艦隊司令長官。第37代内閣総理大臣。米内は戦犯として拘束されることを予期し、巣鴨プリズンへ収監される場合に備えていたものの、結局は容疑者に指定されなかった。

んだ。昭和19年に小磯国昭内閣の海相に復帰するが、昭和20年には終戦に尽力して、自らの手で帝国海軍70余年の幕引きを行った。

検事側の米内に対する尋問は昭和21年3月と5月の2回行われた。米内は「天皇は太平洋戦争の開戦に個人的には強く反対していたが、開戦が内閣の一致した結論であったため、やむなく開戦決定を承認した」として天皇の立場を明確に擁護している。

その上で米内は満州事変、日中戦争、日米開戦を推進した責任者として、陸軍の中堅将校たちとともに土肥原賢二、板垣征四郎、武藤章ら陸軍首脳の名を挙げ、さらに政治家として松岡洋右外相の名前も挙げて陸軍の戦争責任を追及している。不思議なことに、東条の責任については具体的に述べていない。

米内証言の特色は、「当初からこの戦争は成算のなきものと感じて反対であった」と自己の立場を弁明するとともに、「天皇は個人的に日米開戦に反対であった」と天皇の立場を強く弁護したことにある。

**「天皇は太平洋戦争の開戦に反対であった。この戦争は成算なきものとして当初から反対だった」**

# ④和平派の重臣【若槻礼次郎の証言】

## 満州事変で軍部独走を許した悔恨

和平派の重臣・若槻礼次郎元首相は、第1次若槻内閣（大正15年1月30日〜昭和2年4月17日）と第2次若槻内閣（昭和6年4月14日〜12月11日）の2度にわたり内閣を組織した。

第1次若槻内閣では、幣原喜重郎が協調外交を展開し、軍部・政友会から軟弱外交と非難されたが、政友本党と提携して乗り切った。

第2次若槻内閣では、昭和6年9月18日に奉天《ほうてん》（今の瀋陽《しんよう》）北方の柳条湖付近で起こった鉄道爆破事件に端を発した満州事変が勃発した。政府は「事変の不拡大方針」を打ち出したが、関東軍は「統帥権の干犯だ」とこれを無視して独断で戦線を拡大した。当時のメディア（新聞）はこの関東軍の行動を賛美し、世論は満州事変賛成へと動いていった。しかし、日本軍の戦線拡大にそれまで沈黙していた米国や英国は批判声明を出してきた。若槻内閣はなんとかして事変の拡大を防ごうといろいろ努力するが、うまくいかなかった。

若槻礼次郎元首相

**若槻礼次郎《わかつきれいじろう》**

島根県出身。大蔵官僚から政治家へ。貴族院議員、大蔵大臣、内務大臣、内閣総理大臣、拓務大臣などを歴任。事務能力に秀でた政治家で、戦争末期には重臣の一人として終戦工作に関与した。ポツダム宣言受諾などに大きく関わった。

安達謙蔵内相は、「満州事変を中心とする困難な状況を切り抜けるためには、議会の大半を与党にする政友会・民政党の強力な連立内閣をつくらねばならない」と挙国一致内閣構想をもちかけ、また軍部とも協力しようとしたが、幣原喜重郎外相や井上準之助蔵相が反対し、閣僚にも見放されて閣内不一致で総辞職した。これにより、「軍部が既成事実を積み上げれば政府の方針は覆る」という既成事実論が軍部内に生まれ、その後の日中戦争の拡大・軍部独走への道を開いた。

若槻は東京裁判にも証人として立ち、満州事変について証言しているが、軍部の独走を食い止めることができなかった悔いはのちのちまで残った。彼は日米開戦に反対し、開戦後は和平派の立場をとった。東条内閣成立後、徐々に弾圧政治色を強めるにいたり、近衛文麿、岡田啓介ら重臣たちとともに東条内閣打倒を画策して退陣に追い込んだ。

## 「満州事変で不拡大方針を決定するが、軍部の独走を抑えきれず戦線は拡大した」

# ⑤ 陸軍の実力者【宇垣一成の証言】

## 軍部独裁派に組閣を阻まれた軍政家

宇垣一成陸軍大将は、大正後期から昭和初期にかけて活躍した陸軍の中心人物である。彼は戦闘の場での指揮官や軍略家ではなく、政治にたけた軍政家といえる。

宇垣が歴史の表舞台に登場した代表的な出来事は2つある。1つは大正13年（1924）に加藤高明内閣の陸相の地位にあった宇垣は、世論に軍縮の声が高まり、これを受けて「宇垣軍縮」と呼ばれる陸軍の軍備縮小を行ったことだ。陸軍21個師団のうち4個師団を廃止し、兵員3万数千人を削減した。一方、その余費で装備の近代化を行った。

ただ、組織縮小で軍人の昇進機会が狭まると同時に、世間の軍部軽視の風潮を煽《あお》る結果にもなったことで、陸軍内部には宇垣に対する反発や恨みが根強く残った。

もう1つは昭和12年1月の広田弘毅内閣総辞職後、組閣を下命されたことで

宇垣一成陸軍大将

**宇《う》垣《がき》一成《かずしげ》**

岡山県出身。陸軍軍人、政治家。大正末期から昭和初期にかけて長州出身者に代わって陸軍の実権を握り、宇垣閥と称される勢力を築いた。陸軍大臣として宇垣軍縮を断行したほか、クーデター未遂計画である1931（昭和6）年の3月事件に関与した。

ある。加藤高明内閣時代、陸相として内閣の方針によく協力し、軍縮に成功した宇垣の手腕を高く評価した元老・西園寺公望などに所望され、「軍部に抑えが利く人物」として総理大臣に推挙されたのである。

しかし、軍部主導で政治を動かそうとしていた石原莞爾など参謀本部の中堅幹部はこれに反発、宇垣の組閣を阻止するべく陸相のポストに誰も就かないように工作した。このため宇垣は組閣不能に陥り、宇垣内閣は流産してしまった。

宇垣は東京裁判に提出した口供書と反対尋問の答弁のなかで、軍部が組閣に反対した理由について「軍側の反対の原因は、私が陸相当時に行った軍備縮小と、3月事件実行にあたって、私が参謀本部の軍国主義派に協力を拒んだためである」と述べている。

3月事件とは、陸軍の橋本欣五郎中佐の桜会や右翼の大川周明らが、武力によって宇垣内閣成立を狙った軍事クーデターである。しかしクーデターは宇垣の反対により失敗に終わった。

宇垣は優れた政治手腕と現実的思考をもっていて、当時の日本が置かれていた国際情勢を理解して、無謀な戦争を行うことの愚かさを知っていた軍人の1人であった。

## 「陸相時代に陸軍の軍備縮小を行うが、軍側の反撃で宇垣内閣は幻に」

# ⑥ 満州事変陰の主役【石原莞爾の証言】

## 石原の証拠を集めきれなかった検察陣

石原莞爾陸軍中将は、昭和3年（1928）に関東軍の作戦主任参謀として満州に赴任し、関東軍による満蒙領有・独立計画を立案した人物である。そして昭和6年の柳条湖事件に端を発した満州事変では、高級参謀だった板垣征四郎大佐（のち大将）とともにその首謀者の1人であった。

石原が満州事変の陰の主役であり、軍部の戦争拡大に大きな影響を与えたことを検察側は知っていた。そのため、彼の戦争責任を問う声は検察側にも根強くあった。しかし、被告選定の最終段階でなぜか石原莞爾、真崎甚三郎、田村浩の3将軍は被告から除外された。検察側に決定的な証拠がなかったからだともいわれるが、石原が免責された主な理由には、次の点が挙げられる。

①石原はたしかに満州事変の陰の主役ではあるが、職歴も日中戦争勃発時の参謀本部作戦部長が最高位で、「共同謀議」の軍部中枢にはいなかった。

②昭和12年の日中戦争開始時は参謀本部作戦部長であったが、戦線が泥沼化す

特別法廷に出廷する石原莞爾陸軍中将

**石《いし》原《はら》莞《かん》爾《じ》**

山形県出身。陸軍軍人。「世界最終戦論」など軍事思想家としても知られ、「帝国陸軍の異端児」のあだ名が付くほど組織内では変わり者だった。満州事変を成功させた首謀者だが、後に予備役に追いやられ、病気のため戦犯指定を免れた。

ることを予見して不拡大方針を唱え、東条英機ら陸軍首脳と対立し、予備役に左遷された。

③東京裁判当時、石原は病気入院中でなかなか接触できず、有力な調査資料も得られず、満州事変への関与を立証する十分な証拠が集められなかった。
検察側は故郷山形県の自宅で療養中の石原を、酒田市に設けた特別法廷に呼び出し、昭和21年4月25日から4回の尋問を行った。この尋問で石原は「満州事変の勃発後、日本は満州全土をただちに占領すべきだと考えた。事変から数週間後、現地に住む人々によって運営される独立国家を建設すべきだと意見を変え、少数の日本軍は残すが、しかるべき後には日本人も含め外国人は退去することを考えた」と述べている。

彼の証言は、満州国建国構想については雄弁に語るのだが、満州事変の発端となった柳条湖の鉄道爆破への関与については徹底的に否認し、謀略の真相を隠蔽《いんぺい》した。

## 「満州国建国の理想は強調するが、満州事変の発端となった柳条湖事件への関与は徹底否認」

# ⑦ 皇道派の首領【真崎甚三郎の証言】

## またも見せた真崎大将の醜態

真崎甚三郎陸軍大将は、陸軍内派閥の「統制派」と争った「皇道派」の中心人物である。陸軍士官学校長時代には尊皇絶対主義の訓育を行い、2・26事件を起こした安藤輝三大尉や磯部浅一大尉らを輩出した。

昭和7年（1932）に陸軍参謀次長に就任後、陸相の荒木貞夫陸軍大将とともに国家改造を図る皇道派を形成し、派閥の勢力拡大を図った。しかし真崎は昭和9年に教育総監に就任するが、岡田啓介内閣のときに陸相の林《はやし》銑十郎《せんじゅうろう》陸軍大将や軍務局長の永田《ながた》鉄山《てつざん》陸軍少将らによって罷免され、閑職の軍事参議官に追いやられた。

これに憤慨した皇道派の相沢三郎中佐は、昭和10年8月、統制派の中心人物でもある永田少将を斬殺した。さらに翌11年2月26日には皇道派の若手将校らによって2・26事件が引き起こされた。

事件には直接関係していなかったが、真崎は反乱軍首謀者の安藤や磯部らに

真崎甚三郎陸軍大将

**真崎甚三郎《まさきじんざぶろう》**

佐賀県出身。陸軍軍人。皇道派の中心人物の一人。皇道派青年将校が起こした2・26事件では犯人らの主張に沿って収束を図ったが、昭和天皇の強い反発を招き失敗した。事件後の軍法会議では無罪となり、事件への関与については意見が分かれている。

共感を示し、渦中で軍事政権樹立のためにいろいろ画策して行動した。青年将校たちが、真崎首班の軍事政権樹立を目指して行動を起こしたのも無理はなかった。

事件終結後、真崎は憲兵隊の取り調べを受け、反乱幇助の疑いで軍法会議にかけられた。しかし、取り調べでは「あれは青年将校たちが勝手に思い込んで決起したものだ」と容疑を全面的に否認した。軍法会議の論告求刑は反乱者を利する罪で禁錮13年であったが、判決は「証拠不十分」で無罪、予備役に編入された。

戦後、真崎はA級戦犯として逮捕され、スガモプリズンに入所した。彼に対する第1回の尋問は、巣鴨入所に先立つ12月2日に第一ホテルの一室で行われた。以後、真崎への尋問は3回行われたが、その供述内容は責任転嫁と自己弁明に終始した。ライバルの統制派軍人や重臣・木戸幸一らに対する激しい敵意と憎悪の発言を繰り返す反面、卑屈なほど親米主義を強調している。そこには、かつて皇道派首領としての威厳や格調、日本陸軍を過ちに導いたことへの自責の念などはまったく見られなかった。

## 「責任転嫁と自己弁明に終始し、検察側には追従的なほど親米主義を強調」

## ⑧ 協調外交の外交官【幣原喜重郎の証言】

### 東京裁判時の首相を務めた外交官

幣原喜重郎元首相は加藤高明内閣、若槻礼次郎内閣、浜口雄幸内閣と４回外相を歴任し、１９２０年代の協調外交をリードした外相として、また敗戦直後の日本国憲法草案を作成した内閣の総理大臣として知られる外交官・政治家である。

俗に「幣原外交」と称せられる外交方針は、中国における「内政不干渉主義」と対米英とは「国際協調路線」を掲げ、軍拡路線を推進しようとした田中義一首相と対立。とくに軍部からは軟弱外交と非難された。

その後、昭和６年に関東軍の暴走で勃発した満州事変では、柳条湖での鉄道爆破事件が関東軍の計画的な謀略であることを、林久治郎奉天総領事からの極秘電報で知りながら、対外的には関東軍の発表をそのまま繰り返し、「自衛的措置」と強弁するのみであった。国際社会を欺き、満州事変収拾に失敗した幣原は、その後政界を退いた。

幣原喜重郎元首相

**幣原《しではら》喜《き》重郎《じゅうろう》**

大阪府出身。外交官、政治家。外務大臣、貴族院議員、内閣総理大臣臨時代理、内閣総理大臣、衆議院議長などを歴任。議長在任中に78歳で死去。議長在任中の死去であったことから葬儀は衆議院葬として行われた。

「私は若槻礼次郎氏の後継内閣の外相となった。若槻内閣の外交政策は、国際問題に関する限り、明らかにゆるやかで協調的であった。しかし、満州事変の突発により、１９３１年９月、外交政策に非常に無理が加えられた。満州事変直前、関東軍が軍隊の集結を行い、ある軍事目的のために弾薬物資をもち出している旨の機密報告を受け、ある種の行動が軍閥によってもくろまれていることにつき私は報告を受けていた。若槻内閣の外相として私自身も、満州事変直後、軍を抑制し、これ以上の領土拡張をやらせぬため、あらゆる努力をしたが、それは不可能であった」（幣原の証言）

　幣原協調外交の終焉《しゅうえん》は、文民による平和外交の挫折と終焉を意味した。その後は軍部の独走が敗戦まで続いた。戦後、幣原は昭和20年10月に吉田茂の後押しもあって内閣総理大臣に就任した。幣原内閣の役割は、「天皇の戦争責任」を回避・免責するため「戦争責任等に関する閣議決定」を行う一方で、ＧＨＱの政策に従って「戦争放棄」を受け入れた憲法改正を行うことであった。

## 「軍部の独走を止められず満州事変の収拾に失敗、戦後はＧＨＱの政策に従い憲法改正を実行」

# ⑨ 教授グループ【大内兵衛の証言】

## 軍部の大学弾圧を証言した東大教授

日中戦争の拡大、軍部独裁が強まるに従って、軍部は政界・産業界だけではなく、学園・大学への弾圧も強化した。

昭和13年（１９３８）２月、東京大学経済学部教授・大内兵衛、同助教授・有沢広巳《ありさわひろみ》、同助教授・脇村義太郎《わきむらよしたろう》、東北大学経済学部助教授・宇野弘蔵《うのこうぞう》、法政大学教授・美濃部亮吉《みのべりょうきち》、同南謹二、同阿部勇、同講師・笠井金作《かさいきんさく》、巣鴨高商教授・芹沢《せりざわ》彪ら労農派の「教授グループ」が一斉に逮捕・起訴された。学園への弾圧の嵐が日とともに強まっていたのである。１審で有沢や阿部は有罪とされたが、昭和19年９月２日の２審判決では全員無罪が確定した。

大内兵衛は東京裁判で検事の尋問に応じて宣誓口供書を提出した後に、弁護団の反対尋問で、軍事教練などを通じて軍部の学園弾圧が強化されていった模様を詳細に証言した。

「１９３８年、荒木貞夫文相のとき、各大学における軍事教育がいっそう強制

大内兵衛元東大教授

**大内兵衛《おおうちひょうえ》**

兵庫県出身。大正・昭和期の日本のマルクス経済学者。専攻は財政学。GHQの占領時には日銀顧問に迎えられ、東京裁判でも証言台に立った。現在でも東大経済学部には彼の名前を冠した「大内兵衛賞」が存在し、極めて優れた卒業論文を提出した学生が表彰されている。

的となり、軍部の学校支配が強化された」「軍事教練は荒木さんが陸相当時、東大で採用するように要求があった。このとき東大は拒絶したが、1938年に荒木さんが文相になったとき、軍事教練は強制的となった」

当時、東大経済学部教授会は大内兵衛ら3人の起訴前の休職処分をめぐって、即時処分を主張する土方成美《ひじかたせいび》学部長ら粛学派と、処分を起訴まで待つべきであると主張する河合栄治郎ら反対派の意見が対立した。採決で粛学派は敗れ、土方学部長が辞任した。

さらに同年10月、河合栄治郎の著書が発禁処分になったことから、両派の抗争が再び起こり、平賀譲《ひらがゆずる》総長は昭和14年1月、教授会にはからず、両派の中心であった土方、河合両教授を休職処分とした。このため河合派の教授3名、助教授・講師ら13名が辞表を提出、また粛学派の助教授6名も辞表を出して東大経済学部は壊滅状態となった。これを「平賀粛学」と呼ぶ。

## 「荒木文相のとき軍事教練は強制的になり、軍部の学園弾圧はますます強化されていった」

## ⑩ 前満州国皇帝【愛新覚羅溥儀の証言】

# 責任回避と自己弁護に終始した皇帝

昭和21年8月16日から27日まで証言台に立った前満州国皇帝・愛新覚羅溥儀は、東条英機とならんでもっとも注目された証人であった。溥儀はその半生で3度も帝位についた数奇な運命をもつ人物である。

溥儀は日本が降伏した直後の昭和20年8月19日、日本に脱出しようとして長春の飛行場に赴いたところをソ連軍に逮捕された。そしてハバロフスク郊外の収容所で抑留生活を送っていたが、東京裁判の証人に指名されたため、ソ連軍の監視つきで空路東京に護送されてきた。

彼のように裁判中8日間も証言台に立ち、検察陣から直接尋問を受けた証人は他にいない。そして、「自分の満州国皇帝就任は本庄繁元関東軍司令官や板垣征四郎元大佐によってあくまでも強制されたものである」と言い、「自分の立場は日本の傀儡以外の何ものでもない」ことを力説した。

溥儀は証言中に興奮気味になることが多かった。とくに「私の妻は日本軍に

法廷で証言する愛新覚羅溥儀

### 愛《あい》新《しん》覚《かく》羅《ら》溥《ふ》儀《ぎ》

北京市出身。満洲に存在した建州女真族の姓氏で、中国を統一し清朝を打ち立てた家系。清の国姓である。東京裁判には証人として連合国側から指名され、ソ連の監視下で東京へ護送され、ソ連側の証人としてソ連に有利な証言を強要された。

よって毒殺された」と興奮して語るとともに、「日本は満州を植民地化し、神道による宗教侵略を行おうとした」と、その内容は多岐にわたった。彼は、満州国皇帝として自己の責任を負うことを一切拒み、日本軍の残虐非道な罪業を糾弾するとともに、その責任はすべて日本にあると強調した。

当初、弁護団は溥儀に対する追及は手控える方針だったが、溥儀の証言を聞いて方針を一転した。そして反対尋問では、南次郎陸相に送られた日満提携を認める「宣統帝親書」を証拠として提出するなど、もっぱら責任回避と自己弁護に終始する彼の証言内容の信憑性《しんぴょうせい》を問うものとなった。

溥儀の証言は判決文には引用されなかった。溥儀はのちにその自叙伝『わが半生』のなかで、東京裁判について「今日、あのときの証言を思い返すと、私は非常に残念に思う。私は当時自分が将来祖国の処罰を受けることを恐れ」「自分の罪業を隠蔽し、同時に自分の罪業と関係のある歴史の真相について隠蔽した」と告白している。

## 「満州国皇帝としての責任をいっさい認めず、証言内容の信憑性が問われた」

# ⑪ 元関東軍作戦参謀【瀬島龍三の証言】

## ソ連から空路運ばれた関東軍参謀

瀬島龍三陸軍中佐は、太平洋戦争時に大本営作戦参謀としてガダルカナル撤収作戦、ニューギニア作戦などを担当し、終戦直前の昭和20年（１９４５）7月に関東軍作戦参謀に転出した。日本が降伏後は停戦交渉に赴くも、シベリアに11年間も抑留され、厳しい抑留生活を余儀なくされた。その間、東京裁判にはソビエト連邦側証人として出廷、証言している。

瀬島中佐はその貴重な体験から、本来ならば昭和史の重要な証言者としての役割を果たすべき人物であるが、しかし、その証言内容は昭和史の真実をいっさい語るものではなかった。

とくにソ連との停戦交渉時に、瀬島中佐が同行した日本側とソ連側との間で捕虜抑留について「日本側が捕虜の抑留と労役を自ら申し出た」という密約が結ばれたのではないかという疑惑が指摘されていた。故斎藤六郎氏（全国抑留者補償協議会会長）や評論家の保阪正康氏らもこれらの疑惑について主張して

法廷で証言する瀬島龍三

**瀬《せ》島《じま》龍《りゅう》三《ぞう》**

富山県出身。陸軍軍人、実業家。大本営作戦参謀などを歴任し、戦後は伊藤忠商事会長。連合国側から東京裁判に訴追側証人として出廷を命じられた。ソ連側はシベリアから日本への帰還の取引条件として天皇の戦争責任を証言するように求められるが断固拒否する。

いるが、瀬島中佐自身は黙して語らずだ。ロシア側史料の公開後、密約説を立証する文書はまだ発見されていない。

こうした重大な疑惑に関して瀬島中佐自身がいっさい反論をせず、黙殺し続けていたのはなぜなのだろうか。

瀬島中佐は作戦参謀として多くの作戦行為に関わったにもかかわらず、昭和史の真髄に触れる部分についてはいっさい語ろうとはしなかった。なぜ日本陸軍が数々の過ちを犯し、そして失敗したのか、自己の体験も踏まえてその原因を正直に語り、その教訓を後世の人たちに伝えてほしかった。同じ失敗を二度と繰り返さないためにも。

職業軍人として、瀬島元中佐は陸軍士官学校を2番で卒業、陸軍大学校は首席で卒業し、昭和天皇より恩賜の軍刀を賜るというエリート軍人であった。それだけに、数少ない旧軍の語り部として、歴史の闇の部分を解き明かしてもらいたかったのだが……。

## 「シベリア抑留を含め、昭和史の真髄部分はいっさい語らなかったソ連側証人」

# 処刑された7戦犯の遺骨を奪取した3人の男

昭和23年（1948）12月23日に処刑されたA級戦犯7名の遺体は、その夜のうちに横浜市西区にある横浜市営久保山火葬場に運ばれ、荼毘《だび》に付された。遺骨は米軍が持ち去り、現在にいたるもその所在はわからない。ニュルンベルク裁判で裁かれたゲーリング元帥らナチ戦犯の遺骨が、空中から大西洋にばらまかれたことから、7戦犯の遺骨も太平洋にばらまかれたともいわれている。

ところが、遺骨の一部が関係者によって密かに隠されていたのだ。

小磯国昭被告の弁護人だった三文字正平氏は、早くから7戦犯の処刑情報集めに走っていた。そしてある日、親しくしている米人検事から、死刑執行はクリスマスの直前で、遺体は米軍関係の死体を焼いている横浜の市立久保山火葬場で荼毘《だび》に付されるという情報を得た。

三文字弁護士は〈なんとかなる！〉と膝をたたいた。三文字弁護士は久保山火葬場の向かいにある興禅寺の市川伊雄住職とは懇意だったから、市川師を訪ねて7戦犯の遺骨奪取計画を話し、協力を申し込んだ。

じっと話を聞いていた市川師は、「できるだけの助力をいたしましょう」と約束し、数日後、住職は火葬場の飛田美善場長をともなって三文字宅を訪ねてきた。そして3人は火葬の際7戦犯の遺骨の一部を素早く隠し、場外にもち出す計画を決めた。

その日が来た。飛田場長たちは監視の米兵の目を盗んでかすめ取った遺骨を7つの骨壺に素早く納め、焼却炉の裏側に隠すことに成功した。

ところが計画は露見してしまった。飛田場長たちは骨壺を隠した場所に線香を手向けたために、香の臭いと煙が流れ出て、監視兵に発見され、没収されてしまった。米兵たちは大半の遺骨はもち去り、残った細かな遺骨はひとまとめにして火葬場付属の共同骨捨て場に捨てさせられた。

7戦犯の遺骨が隠されていた興禅寺

12月25日の深夜、外套《がいとう》を頭からすっぽりとかぶった3人の男が、共同骨捨て場に近づき、深さ4メートルの穴のなかから真新しい骨を次々と拾い上げていた。7戦犯の遺骨を奪取する三文字弁護士、市川住職、飛田場長の3人だった。遺骨奪取は成功したのである。

集められた遺骨は湿気をとるため、飛田場長が密かに焼き直しをして、興禅寺に預けられた。万が一にも米軍にとがめられたときのために、上海戦で戦死した三文字弁護士の甥「正輔の遺骨」ということにされた。

（柾）

全員起立して起訴状朗読を聞く法廷内の被告と関係者たち

# 第6章

## 全員有罪、絞首刑7名の判決

開廷から2年6か月が経過した昭和23年11月12日、ついにA級戦犯25名（2名は病死、1名は精神異常で免訴）に刑の宣告が行われた。それは、東条英機ら7名に絞首刑、16名に終身禁錮刑という厳しいものだった。その時の法廷の様子や、被告らの反応とは一体どんなものだったのだろうか？

また、全裁判官のなかで唯一「被告人全員無罪」の判決を下したインド代表のパル判事の少数意見がどのような論理で出されたものなのかについても検証していく。そして最後に、スガモプリズンの断頭台で極刑に処された7名の様子を、その最後を見届けた人たちの証言をもとに紹介する。

# 25被告に断罪下る！

## 裁判官の判決言い渡しに見せた、被告たちの一瞬の感情

### 極東国際軍事裁判所「断罪の法廷」始まる

昭和23年11月12日、ウェッブ裁判長から25人の被告へ刑の宣告が行われた。起訴された28人のうち、松岡洋右被告と永野修身被告は病死し、大川周明被告は精神に異常をきたしたとして免訴になったからである。

昭和21年5月3日に開廷した東京裁判は、すでに2年と6か月が経過していたが、この日の判決言い渡しで終了した。

11月4日から土日をはさんで正味7日間をかけて判決文を朗読し終えたウェッブ裁判長は、12日午後、各被告に判決を言い渡した。「有罪」「無罪」の判定が荒木貞夫被告を筆頭に、アル

被告席で判決文の朗読を聞く被告たち（11月12日）

ファベット順に朗読され、25名の被告全員が有罪とされた（訴因別の判決はP217の表を参照）。

休憩をはさんで午後3時52分、1人ひとりに直接刑の宣告を言い渡す法廷が再開された。被告の入ってくるドアを背にケンワージ憲兵大佐以下7人のMPが並ぶ。10人の判事を従えて入廷してきたウェッブ裁判長は、自席に座ると数枚の紙片をすっと机上に置いた。断罪表である。

「極東国際軍事裁判所は、本件の起訴状について有罪の判定を受けた被告に対して、ここに刑を宣告する」

判決の言い渡しは、こうして開始された。

## 7名に絞首刑、16名に終身禁錮刑

裁判長が宣言した直後、モーニング姿の**荒木貞夫被告**が被告席後方の開口部から、すっと入廷してきた。荒木の左には付き添いのケンワージ憲兵隊長が立つ。荒木はケンワージ隊長の方をチラッと見たあと、被告席の後ろの机に置かれたヘッドホーンを取って、耳につけた。正面の裁判長席を凝視する荒木に、断罪が下る。

荒木貞夫被告、終身禁錮刑

「被告、荒木貞夫。被告が有罪の判決を受けた起訴状中の訴因に基づいて、極東国際軍事裁判所は被告をインプリズメント・フォア・ライ

土肥原賢二被告、絞首刑

橋本欣五郎被告、終身禁錮刑

畑　俊六被告、終身禁錮刑

フ（終身禁錮刑）に処する」

うなずく荒木。法廷内の緊張がやぶれ、ざわつきが広がった。

「静粛に！」

すかさず法廷執行官のボパ中尉が卓上の槌《つち》で、テーブルをコツコツと叩く。

さっとヘッドホーンを外した荒木は、裁判長席に目礼を送り、モーニングの裾をひるがえして退廷していった。

続いて、**土肥原賢二被告**が立つ。顔色が悪い。緊張で手が震えているのか、ヘッドホーンがなかなかつけられない。

「デス・バイ・ハンギング（絞首刑）に処する」

静かながら、力強い宣告の声が流れた。土肥原はパッとヘッドホーンを外し、一礼して退廷した。

**橋本欣五郎被告**。両手を伸ばして立ち、まっすぐ前方を見据える。終身禁錮刑。裁判官席には一礼などせず、踵《きびす》を返して退廷した。

**畑俊六被告**。終身禁錮刑。わずかに顔に赤味が差したが、静かに一礼して退廷した。

**平沼騏一郎被告**。82歳の老齢のためか、ケンワージ大佐に支えられ

星野直樹被告、終身禁錮刑

広田弘毅被告、絞首刑

平沼騏一郎被告、終身禁錮刑

て入廷してきたが、前かがみに肩が揺れる。終身禁錮刑。裁判長から英語で宣告刑を聞くと、日本語訳を待たずにヘッドホーンを外し、一礼して退廷していった。

**広田弘毅被告**。目を閉じたまま、前かがみで宣告を聞く。判決は絞首刑。文官首相の絞首刑に、法廷内がざわついた。広田は退廷直前に傍聴人席を見上げて軽くうなずいた。父の出廷日には欠かさず姿を見せた２人の娘に向けた、最後の挨拶だったのだろうか。

## それぞれの判決さまざまな反応

**星野直樹被告**。じっと前方を見つめる。終身禁錮刑。ヘッドホーンを外して、少し上を見た。

**板垣征四郎被告**。出入り口で足を止めて一礼し、軍隊調に２、３歩前に進む。絞首刑。帰りは一礼せず、くるりと回れ右をして退廷した。

**木戸幸一被告**。せかせかと入廷し、ヘッドホーンをつけたあと裁判官に頭を下げた。終身禁錮刑。

**木村兵太郎被告**。ヘッドホーンをつけてから、一歩前に出る。絞首

南 次郎被告、終身禁錮刑

松井石根被告、絞首刑

板垣征四郎被告、絞首刑

刑。裁判官席に一礼して退廷した。

**小磯国昭被告**。直立した身体がふらつき、ケンワージ大佐がそっと背中を支えた。終身禁錮刑。

**松井石根被告**。国民服姿でそろそろと入廷する。一礼はせず。絞首刑。病身のせいか、顔と首筋が痙攣《けいれん》している。

**南次郎被告**。終身禁錮刑。耳が遠いためか、宣告の後もヘッドホーンをつけたままで、ケンワージ大佐がヘッドホーンを外し、手を引くように出入り口へ導いた。

**武藤章被告**。大股で入廷する。絞首刑。一瞬、口元をゆるめ、目礼して退出した。

**岡敬純被告**。終身禁錮刑。ヘッドホーンを放り出すように置いて出

木戸幸一被告、終身禁錮刑

木村兵太郎被告、絞首刑

小磯国昭被告、終身禁錮刑

大島 浩被告、終身禁錮刑

岡 敬純被告、終身禁錮刑

武藤 章被告、絞首刑

て行く。

## 判決に一瞬ニヤリと口元を崩した東条英機

**大島浩被告**。胸を張って気をつけの姿勢。終身禁錮刑。さっさと退出する。

**佐藤賢了被告**。チラチラと傍聴人席を横目で見る。終身禁錮刑。

**重光葵被告**。ケンワージ大佐の手を借りてヘッドホーンをつける。禁錮7年。英語の宣告を聞くやいなや、ヘッドホーンを投げ捨て、松葉杖をついて退廷した。

**嶋田繁太郎被告**。終身禁錮刑。いったん外したヘッドホーンを再びかけ、日本語通訳を確かめるように聞いてから、裁判席にていねいに一礼した。

**鈴木貞一被告**。軍隊調にカチッとかかとをあわせて最敬礼。終身禁錮刑。帰りは礼をしなかった。

**東郷茂徳被告**。ケンワージ大佐のほうを見てからヘッドホーンをつける。禁錮20年。軽くうなずく。

東条英機被告、絞首刑

東郷茂徳被告、禁錮20年

佐藤賢了被告、終身禁錮刑

重光 葵被告、禁錮７年

嶋田繁太郎被告、終身禁錮刑

鈴木貞一被告、終身禁錮刑

**東条英機被告**。国民服姿でゆっくりと入廷する。裁判官席に一礼してからヘッドホーンをつける。通訳に1つひとつうなずき、「絞首刑」に一瞬ニヤリと口元を崩す。ヘッドホーンを外して傍聴人席へ視線を走らせたあと、深々と一礼して退廷していった。

この後、病気で入院中の賀屋興宣被告、白鳥敏夫被告、梅津美治郎被告の判決はそれぞれの担当弁護人が自席で受けた（いずれも終身禁錮刑）。

絞首刑7名、終身禁錮刑16名、有期刑2名の結果をもって、この日、極東国際軍事裁判は幕を閉じた。

本項執筆・水島吉隆（太平洋戦争研究会）

## 資料5　判決一覧表

| 判決一覧表 | 平和に対する罪 | | | | | | | | 通例の戦犯並びに人道に対する罪 | | 宣告刑 |
|---|---|---|---|---|---|---|---|---|---|---|---|
| 訴因番号 | 1～5 | 27 | 29 | 31 | 32 | 33 | 35 | 36 | 54 | 55 | |
| 訴因内容／被告名 | 侵略戦争遂行の共同謀議 | 対中国侵略戦争遂行 | 対アメリカ侵略戦争遂行 | 対イギリス侵略戦争遂行 | 対オランダ侵略戦争遂行 | 対フランス侵略戦争遂行 | 張鼓峰事件遂行 | ノモンハン事件遂行 | 違反行為の命令、授権許可による法規違反 | 違反行為防止責任無視による法規違反 | 宣告刑 |
| 荒木貞夫 | ● | ● | ○ | ○ | ○ | ○ | ○ | ○ | ○ | ○ | 終身禁錮刑 |
| 土肥原賢二 | ● | ● | ● | ● | ● | ○ | ● | ● | ● | △ | 絞首刑 |
| 橋本欣五郎 | ● | ● | ○ | ○ | ○ | | | | ○ | ○ | 終身禁錮刑 |
| 畑俊六 | ● | ● | ● | ● | ● | | ○ | ○ | ○ | ● | 終身禁錮刑 |
| 平沼騏一郎 | ● | ● | ● | ● | ● | ○ | ○ | ● | ○ | ○ | 終身禁錮刑 |
| 広田弘毅 | ● | ● | ○ | ○ | ○ | ○ | ○ | | ○ | ● | 絞首刑 |
| 星野直樹 | ● | ● | ● | ● | ● | ○ | ○ | | ○ | ○ | 終身禁錮刑 |
| 板垣征四郎 | ● | ● | ● | ● | ● | ○ | ● | ● | ● | △ | 絞首刑 |
| 賀屋興宣 | ● | ● | ● | ● | ● | | | | ○ | ○ | 終身禁錮刑 |
| 木戸幸一 | ● | ● | ● | ● | ● | ○ | ○ | ○ | ○ | ○ | 終身禁錮刑 |
| 木村兵太郎 | ● | ● | ● | ● | ● | | | | ● | ● | 絞首刑 |
| 小磯国昭 | ● | ● | ● | ● | ● | | | ○ | ○ | ● | 終身禁錮刑 |
| 松井石根 | ○ | ○ | ○ | ○ | ○ | | ○ | ○ | ○ | ● | 絞首刑 |
| 南次郎 | ● | ● | ○ | ○ | ○ | | | | ○ | ○ | 終身禁錮刑 |
| 武藤章 | ● | ● | ● | ● | ● | ○ | | ○ | ● | ● | 絞首刑 |
| 岡敬純 | ● | ● | ● | ● | ● | | | | ○ | ○ | 終身禁錮刑 |
| 大島浩 | ● | ○ | ○ | ○ | ○ | | | | ○ | ○ | 終身禁錮刑 |
| 佐藤賢了 | ● | ● | ● | ● | ● | | | | ○ | ○ | 終身禁錮刑 |
| 重光葵 | ○ | ● | ● | ● | ● | ● | ○ | | ○ | ● | 禁錮7年 |
| 嶋田繁太郎 | ● | ● | ● | ● | ● | | | | ○ | ○ | 終身禁錮刑 |
| 白鳥敏夫 | ● | ○ | ○ | ○ | ○ | | | | | | 終身禁錮刑 |
| 鈴木貞一 | ● | ● | ● | ● | ● | | ○ | ○ | ○ | ○ | 終身禁錮刑 |
| 東郷茂徳 | ● | ● | ● | ● | ● | | | ○ | ○ | ○ | 禁錮20年 |
| 東条英機 | ● | ● | ● | ● | ● | ● | | ○ | ● | △ | 絞首刑 |
| 梅津美治郎 | ● | ● | ● | ● | ● | | | ○ | ○ | ○ | 終身禁錮刑 |
| 備考 | ● 有罪、○ 無罪、△ 判決が下されなかった訴因 | | | | | | | | | | |

# パル判決と少数意見

## インド代表判事はなぜ全員無罪の判決書を書いたのか？

### 判事４人のさまざまな「少数意見」

本判決とは別に、11人の判事のうち5人が本判決に反対する少数意見を提出した。それを見ると、全員極刑の強硬意見もあれば、全員無罪の少数意見もあり、なかなかバラエティーに富んでいる。日本が始めた中国や米英仏蘭に対する戦争ではあったが、日本軍部や政府の指導者に対する刑罰を科すことの難しさがあったことを示している。

まず、４人の判事の意見を一瞥し、最後に全員無罪論を展開した「パル判決書」を見てみよう。

全員無罪の判決書を書いたパル判事

**◎ウェッブ裁判長の少数意見―死刑に反対**

被告全員を死刑にすることに反対した。その理由として、最大の責任を問われなければならない天皇が訴追されなかった点を挙げている。したがって、本判決には論理的にも倫理的にも同意するが、量刑が著しく不当であるというものであった。

よく知られているように、ポツダム宣言受諾による日本降伏の最終決定は、内閣・統帥部の意見一致がなく、天皇が裁断して決まった。ウェッブはこれほどの強大な権力があったのだから、開戦もやる気があれば阻止できたはずだと述べる。アメリカ政府とマッカーサーによる天皇不起訴の決定が、連合国の利益のためになされたのであれば、被告たちへの量刑も当然考慮されるべきであるとした。

判決文の朗読をするウェッブ裁判長（中）

### ◎レーリンク判事の少数意見―広田被告の死刑に反対

オランダ代表の裁判官レーリンクは、具体的に被告の名を挙げて注文をつけた。その要旨は、

一、東京裁判は太平洋戦争に限定すべきである。
二、共同謀議の認定方法に異議がある。
三、「平和に対する罪」では死刑を適用すべきではない。
四、「通例の戦争犯罪」では、岡敬純・佐藤賢了・嶋田繁太郎も死刑が相当である。
五、広田弘毅は「通例の戦争犯罪」では無罪であり、「平和に対する罪」では有罪だが、死刑にはすべきではない。

### ◎ベルナール判事の少数意見—自然法による断罪

フランスのベルナール裁判官は、当裁判所は裁判所条例を自ら審査すべきだったとし、侵略戦争は不戦条約によるのではなく、自然法によって裁かれるべきだとした。そして全体として、「通例の戦争犯罪」で閣僚やそれに近いポストに就いていたという理由だけで責任を問うのは広範に過ぎると論じ、「（天皇が）裁判にかけられなかったことは、被告の弁護にとっては確かに不利益となった」と述べた。

### ◎ハラニーリャ判事の少数意見—全員死刑を

フィリピンのハラニーリャ裁判官は、刑の宣告は寛大に過ぎ、これでは犯罪防止にも見せしめにもならないと強く非難した。弁護団によって問題提起された原爆投下に関して、それを擁護し、アメリカには責任がないと論じた。

## パル判事の被告全員無罪の主張

インド代表のラーダ・ピード・パル判事は被告全員無罪の意見書を書いた。

パルは一国の政策決定にかかわった指導者を共同謀議として裁こうとするそもそもの考え方をとんでもない、非常識なことであるという前提からスタートする。

そういう前提に立てば、いかにも共同謀議めいた張作霖爆殺事件や満州事変に関しても、確かな文書としての証拠がないとして退けた。周知のように、東京裁判は満州事変までさかのぼって審理したが、追加証拠としてその3年前の張作霖爆殺事件も審理したのである。

パルの考え方の重要な要素の1つに、侵略戦争に関して明確な定義は確立されておらず、その国が自衛のために武力を発動すると宣言すれば、当時にあってはそれは自衛戦争だったのだという論理がある。

この観点から、不戦条約に関しては、この条約をとりまとめた1人である当時のアメリカ国務長官ケロッグが米議会で証言したことや、当時の田中義一首相兼外相との間に取り交わされた書翰などを証拠として取り上げた。そして、どの国にも自国以外での武力行使に関しても自衛のためであるとすればこの条約に違反したことにはならない、問題はその戦争を世界が是認するかどうかであって、それに関しては世界の与論に対してその国が責任を負うべきものである、とする論理で一貫させている。

そういう意味では、弁護団が一貫して主張した満州事変以来の戦争は自衛戦争という論理と一致する。

しかしながら、そう論じつつもパルは随所で、「満州における日本の行動は、世界はこれを是

病気の妻のために一時帰国するパル

認しないであろうということは確かである。同時にその行動を犯罪として非難することは困難であろう」（『共同研究・パル判決書㊤』761頁。東京裁判研究会著、講談社学術文庫）という趣旨の論理を展開した。

ここに弁護団が主張しているような〝自衛戦争すなわち正義の戦争〟という主張との根本的な違いがある。パルは、「1931年9月18日以降の満州における軍事的な発展はたしかに非難すべきものであった。軍事行動はただちに中止せよという内閣の一致した意見があったにもかかわらず、拡大が続いた」とさえ述べている。

パルは中国に対して日本が侵略戦争を行ったのかどうかについてはほとんど触れない。それよりも、日中戦争の初期からアメリカがこの戦争に積極的に関与した事実、すなわち中国を援助し、日本を経済制裁で締めつけた事実を重視する。すでにアメリカは日本と平和的状況にはなかったのだから、日本が一方的にアメリカに侵略戦争を仕掛けたという論理は成り立たないとする。

そういう論理を展開しつつも、中国を支援し、日本に厳しく経済制裁をしてきた「かれらの（米英などの――引用者）政策に疑念を挟むのでもなく、また、日本の行動に対抗して中国を援助するために、かれらがとった処置を非難しているのでもない」などとやや釈明的な言辞もつけ加えることを忘れなかった。

パル裁判官は総じて、中国を支配しなければ日本が立ちゆかないと考えた当時の日本要路の考え方を〝妄想〟と断じたが、そういう妄想は被告たちを裁こうとしている列強も均《ひと》しくもっていたものではないのかとし、次のように論じている。やや長いがパルの発想を知る上で重要なので参考に供したい。

「しかしながらわれわれの当面の問題は、ある国家がこのような緊急死活の妄想を有し、それに従って振る舞うことが許されるべきかどうかということではない。真に問題とするところは、はたして国際生活において、このような振る舞いが異常なものとして非難されうるものであるかどうかということである。国際社会ならびに国際法の性格を思い出してみると、われわれが現在、事としている問題は、かような妄想が国家において正当化されうるものであるかどうかというのではなくて、実に実際問題として、はたしてかような妄想が国際生活において存在するかどうか、しかしてそれが右の構成国家中の若干のものの振る舞いにたいして、どのような影響を及ぼすものであるかどうかということである。

日本は、その生存にとって死活問題と考えた若干の『権益』を中国において獲得したのである。ほとんどすべての列強が、同様の利害関係を西半球（東半球か——引用者）の領域内において獲得したのであって、かような列強のすべては右の利権がその死活問題であると考えていたもののようである。

本官は（中略）これらの権益の獲得の方法を根源までさかのぼって考えてみても、正しい方法によったものはきわめて稀であるといっても過言ではないと思う。その方法がどのようなものであろうとも、これらの利害関係は厳として存在したのであって、そして諸列強においても、パリ条約（不戦条約のこと——引用者）に署名しながらも、同時にその自衛権の保留をかような権益の保護にまで拡張することは、十分に正当化されるものであると感じたのである。中国における日本の権益に関する権利も、少なくともわれわれの当面の目的（被告を共同謀議で裁くこと—引用者）から言えば、右に述べたような標準によって評価されなければならない」（前出『共同研究・パル判決書』㊤）８５９～８６０頁）

詳しくは前出の『パル判決書』を読むにかぎるが、太平洋戦争研究会著による『東京裁判「パル判決書」の真実』（ＰＨＰ研究所）は、〝パル判決書〟の内容に即した入門書となっている。

本項執筆・森山康平（太平洋戦争研究会）

開廷当初は写真のように松岡洋右被告を除く27被告が顔をそろえていたが、判決言い渡し時には25名になっていた

# スガモの断頭台に消えた7戦犯

## A級戦犯7人の最期を見届けた人たちの証言

### ついに出された死刑執行命令

　昭和23年（１９４８）12月21日、マッカーサー元帥は、絞首刑の判決を受けた７人の死刑執行を２日後に行うよう命じた。そして７人にはこの日の午後９時に、拘置所長のハンドワーク大佐から「刑の執行は12月23日午前零時１分、当スガモプリズンにおいて執行する」旨が伝えられた。

刑の執行にはＧＨＱ外交局長のウィリアム・Ｊ・シーボルト（対日理事会議長・のち駐日大使）のほか、オーストラリア代表のパトリック・ショー、ソ連代表のＫ・Ｎ・デレビヤンコ中将、中華民国代表の商震上将の４名が公式立

スガモプリズンのA級戦犯7名の処刑場跡（豊島区立東池袋中央公園）に建つ記念碑

会人として刑場に出席することになった。

処刑日の22日（正確な刑執行日は23日）、スガモプリズンの花山《はなやま》信勝《しんしょう》教誨《きょうかい》師（仏教学者、浄土真宗の僧。東大教授）は、午前9時から仏間で7人に個人面談をはじめた。家族からの伝言を伝えると同時に、死刑囚たちの最後の希望や遺言、家族への伝言などを聞くためである。面談は1人約2時間で、1番目は広田弘毅元首相、次が武藤章中将、続いて松井石根大将、板垣征四郎大将、木村兵太郎大将、土肥原賢二大将、最後が東条英機大将だった。

煌々と電灯がともる処刑の夜（12月22日）のスガモプリズン

7人の面談を終えた花山師は、ただちに最後の面談の準備に入った。7人がいる第1棟1階の1室（3畳の独房）を借りて仏間から仏像を移し、大急ぎで仏壇をしつらえた。この仏壇の前に3階にいる死刑囚を1人ずつ呼び出し、最後の面談を行うためである。

最後の面談は午後7時半から松井石根大将を皮切りに始められた。1人30分ほどで、2番目が広田弘毅元首相、さらに武藤章中将、東条英機大将、板垣征四郎大将、木村兵太郎大将、土肥原賢二大将と続き、午後11時30分に終わった。

対日理事会の4人の代表がプリズンに着いたのはちょうどその頃だった。そして一行は11時50分に死刑執行室に向かった。シーボルトは『日本占領外交の回想』（野末賢三訳）に書いている。

「扉が開いて、われわれは明るい部屋へ入った。壁にそって、低く狭い高座へとつれて行かれた。われわれの向い側には、長い木製の壇が設けられており、その上に五本の綱がたれ下がり、その末端は環の形になっていた。綱は固く、動く様子もなかった。それぞれ一から五まで番号がついていた。壇には、十三の階段がついていた。これは明らかに伝統的な階段の数だった。（中略）多数の米国陸軍軍医と兵士が部屋のなかにいた。彼らは、恐ろしい刑の執行が始るのを、待っていた。深い深い沈黙が続いた」

## ブドー酒と万歳で処刑場へ

最後の面談を終えた花山師は、4個のコップにブドー酒（別れの酒）と水（末期の水）を注ぎ、仏間で死刑囚たちを待った。

刑執行7分前、処刑第1組の4人が土肥原、松井、東条、武藤の順で3階の独房から仏間に降りてきた。それぞれ2人の看視兵に付き添われ、両手には手錠がかけられ、その手錠は猿股ベルトに引っかけられていた。自殺や暴力を防ぐためである。服装はいつも着ている米軍の作業衣で、靴は日本製の編み上げ靴だった。

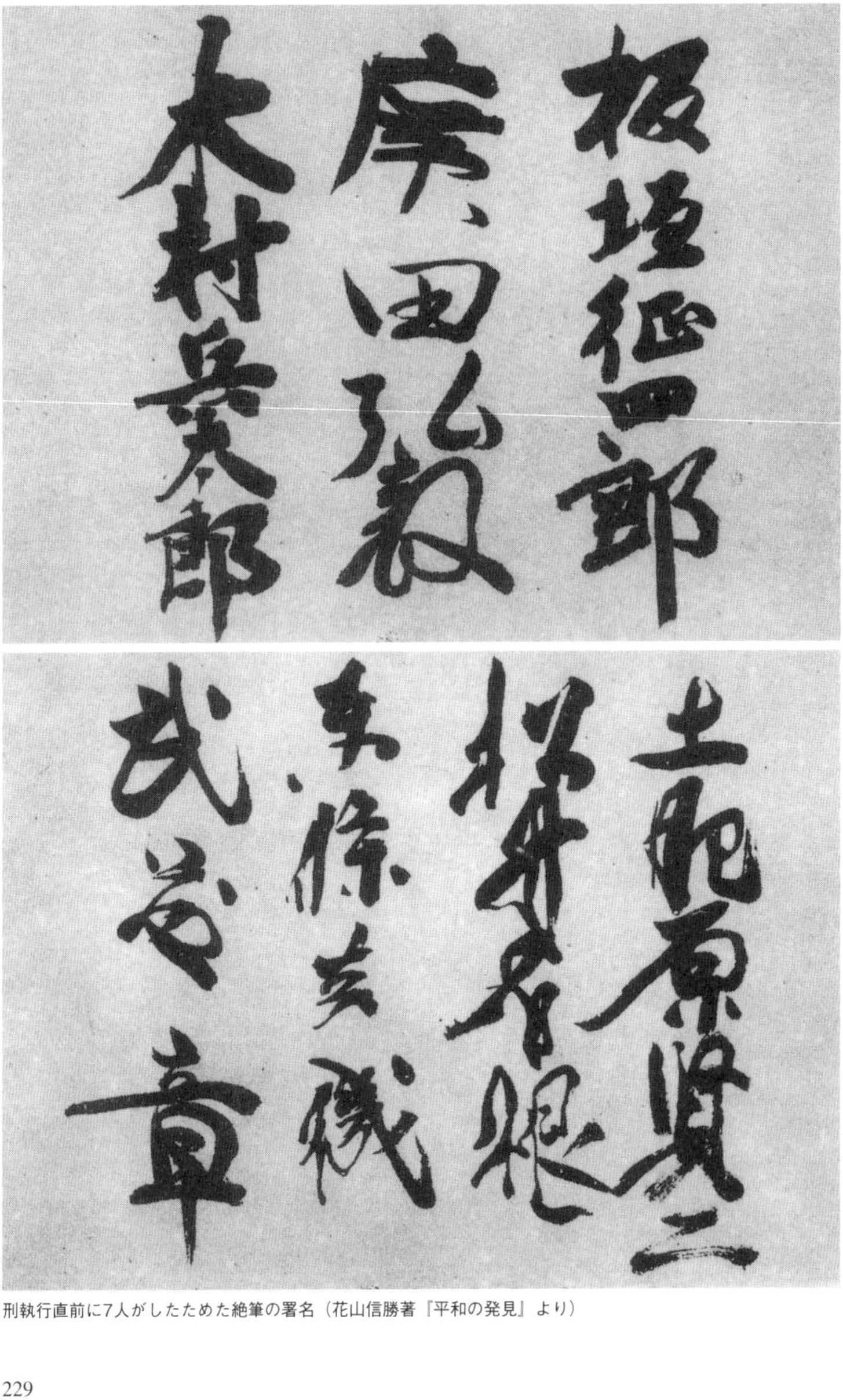


刑執行直前に7人がしたためた絶筆の署名（花山信勝著『平和の発見』より）

4人は仏前に線香をあげると、花山師の求めに応じてインクを含ませた筆をとり、仏前の奉書に署名をした。そして花山師からコップ1杯のブドー酒を口につけてもらって飲み干し、最後にコップの水を飲んだ。

4人は花山師に深々と頭を下げると、

「非常にありがとうございました」

と礼を述べ、武藤の発案で万歳を3唱した。音頭は松井がとった。

処刑場に通じる鉄の扉が開く。当番将校の先導で米人牧師、続いて花山教誨師が第1棟を出、そのあとに土肥原、松井、東条、武藤の順で続いた。南無阿弥陀仏……4人の口からは念仏の声が絶えなかった。

処刑室の入り口に着くと、花山師は1人ひとり手を握って「ご機嫌よろしゅう」と別れの言葉を口にした。

日本占領中、米軍専用になっていた横浜市営久保山火葬場。7戦犯の遺体はここで焼かれたが現在は近代的な火葬場になっている

「いろいろお世話になって、ありがとう」

4人はそう言い残して処刑場内に姿を消していった。

シーボルトたち立会人は、処刑場に入ってきた4人をじっと見つめた。

「彼らは、階段を登って壇の上にあがった。それから4つの落し戸の上に、歩を進めた。彼らはそこに立って、重い沈黙のうちに、われわれと向い合った。もう一度、氏名の確認が行われた。黒い頭巾が、彼らの頭にかぶせられた。綱と環をたしかめると、死刑執行官が、戦犯の死刑執行の準備が完了した旨を報告した。ただ一言鳴りひびいた。

『始め！』

直ちに、4つの落し戸が、ライフルの一斉射撃のような音をたてて、同時にはね返った……」

医師の死亡確認は土肥原が午前0時7分30秒、東条が午前0時10分30秒、武藤が午前零時11分、そして松井は午前0時13分だった。

## 戦犯処刑日は今上天皇誕生日だった

処刑場の入り口で4人と永久《とわ》の別れをした花山師は仏間に戻り、再びコップにブドー酒と水を注いで第2組を待った。そこに板垣、広田、木村の順で入ってきた。そして第1組と同じにそれぞれに線香を渡して仏前に立ててもらい、インクを含ませた筆を渡して奉書に署名をしてもらった。

花山師は前回と同じくお経（『三誓偈《さんせいげ》』）を読んだ。そして3人は板垣の音頭で「天皇陛下万歳！」を3唱すると、1組目と同じに花山師からブドー酒と水を飲ませてもらい、「いろいろお世話になりました。どうぞお大事に、また家族たちをよろしく」と、それぞれ礼を言い、処刑場に入っていった。

再びシーボルトの回想記を開く。

「3人の戦犯からなる第2のグループが、最初と同じ様子で死刑執行室へつれてこられた。板垣、広田、木村の順だった。前と同様に足をひきずるように歩き、同様に沈黙し、意味のわからぬことをつぶやき、また同様に絶望の様子だった。彼らが私の前を通り過ぎるとき、広田は頭をこちらに向けて、私の両眼をしげしげと見つめた。その眼差しは、私に同情と理解とを訴えているようにも思われた。

時計のような正確さで、落し戸がはね返り、医師長が最後の判定を叫んだ。『この人の死を宣言す』と」

死亡確認時刻は板垣が午前0時32分30秒、広田が午前0時34分30秒、木村が午前0時35分だった。

午前2時5分、2台のジープに護られて、7つの棺を乗せた大型幌付きトラック2台が正門を出た。トラックは川越街道を右に折れ、横浜市営の久保山火葬場をめざして深夜の街に消えてい

松井石根被告が戦時中に建立した熱海伊豆山の興亜観音堂。7戦犯の遺骨の一部は、一時この観音堂に保管されていた

った。

この日、昭和23年12月23日正午、日本の神社仏閣や教会の鐘が一斉に鳴り渡った。東京の築地本願寺と浅草寺では「世界平和大祈願法要」と銘打って、処刑された戦犯たちに対して祈りが捧げられた。

ちなみにこの日は皇太子（今上天皇）誕生日だった。起訴状伝達が昭和天皇の誕生日で、判決朗読開始日が紀元節だったことを思うと、人々は「世界平和大祈願」の鐘の音を複雑な想いで聞かざるを得なかった。

本項執筆・平塚柾緒（太平洋戦争研究会）

# 3か所にある処刑7戦犯の墓と慰霊碑

A級7戦犯が処刑されて5か月後の昭和24年（1949）5月3日、熱海市伊豆山の興亜観音堂に7戦犯の遺族が集まった。久保山火葬場から密かにもち出した遺骨を遺族に返そうと、三文字正平弁護士と興禅寺の市川伊雄住職が「法要を営みたい」からという理由で集まってもらったのである（遺骨もち出しについては、P206のコラム2参照）。

興亜観音堂というのは、日中戦争当時の中支那方面軍司令官で、7戦犯の1人として処刑された松井石根陸軍大将が、日中両国の戦死者を慰霊するため、伊豆山の中腹を切り開いて戦時中に建立したもので、戦後は松井夫妻が自宅兼用にしていた。

興亜観音堂にある「七士之碑」

観音堂に集まった遺族たちは、その日、三文字弁護士と市川住職から死刑執行後の遺骨の処置を初めて聞かされ、驚きとともに感涙にむせんだ。

「お預かりしている遺骨を7つにお分けして、皆さまにお返ししたい」

そう三文字弁護士が申し出ると、東条勝子夫人

三ヶ根山山頂に造られた「殉国七士墓」

が「ちょっとお待ちになってください」と申し出た。東条夫人は、もし遺骨があることがよそに漏れた場合、三文字弁護士や市川住職に迷惑がかかるから、もう少しの間どこかにお預かりいただき、心配のない時機が来たら分けていただきたいと申し出たのだ。言われてみればそのとおりで、話し合いの結果、興亜観音堂に安置してもらうことになった。

そして現在、これら処刑された7戦犯の遺骨を納めた墓や慰霊碑は全国に3か所ある。1つは長らく遺骨を安置していた興亜観音堂に造られた「七士之碑」で、もう1つは昭和35年8月17日に完成、除幕式が行われた三河国定公園の一角にそびえる三ヶ根山山頂に造られた「殉国七士墓」である。そして3つ目が、長野市赤沼のリンゴ園農家の屋敷に造られている「七光無量壽之墓」である。（柾）

# 東京裁判関係年表

**昭和20年（1945）**

8月10日 日本政府、ポツダム宣言を受諾決定。

8月15日 日本政府、連合国に無条件降伏。

8月30日 ダグラス・マッカーサー米陸軍元帥（連合国軍最高司令官）、神奈川県厚木の海軍飛行場に到着。マ元帥、米第8軍対敵情報部長ソープ准将に戦争犯罪人のリストアップを命じる。

8月31日 ソープ准将、ポール・クラウス中佐に東条英機大将の逮捕を命じる。

9月2日 東京湾上の米戦艦「ミズーリ」で日本と連合国の降伏調印式。

9月9日 ソープ准将、東条大将以下38名の第1次戦犯リスト（Ａ級）をマ元帥に提出。

9月10日 米軍、東条以下38名の戦犯容疑者名を発表（11日付新聞掲載）。

9月11日 ＧＨＱ、東条大将らの逮捕命令を発表（第1次戦犯指名）。午後4時2分、クラウス中佐一行が東条邸に到着。同4時19分、東条大将、ピストル自殺を図る（未遂）。

9月12日 杉山元陸軍元帥ピストル自殺、夫人も後を追う。

9月13日 元厚相小泉親彦軍医中将、軍刀で自刃。

9月14日 元文相橋田邦彦、逮捕直前に服毒自殺。

10月5日 東久迩宮内閣総辞職。幣原喜重郎内閣発足。

10月30日 連合国10か国の代表からなる極東諮問委員会（ＦＥＡＣ）発足。

11月9日 ＧＨＱ、アメリカの刑事弁護士ジョセフ・Ｂ・キーナンが東京裁判の首席検事に任命されたことを発表。

11月19日 荒木貞夫、真崎甚三郎、松岡洋右ら11名の大物戦犯容疑者、新たに発表される（第2次戦犯指名）。

11月20日 本庄繁大将、東京・青山の陸軍輔導会理事長室で自決。スガモプリズン（拘置所）オープン。

12月2日 新たに59名の戦犯逮捕命令が発表される（第3次戦犯指名）。

12月6日 近衛文麿、木戸幸一など9名に逮捕命令出る（第4次戦犯指名）。

12月8日 大森捕虜収容所の東条らＡ級戦犯容疑者、スガモプリズンに移される。

12月16日 近衛文麿、自宅寝室で服毒自殺。午前6時ごろ夫人が発見。

12月27日 モスクワで開かれた米英ソ三国外相会議で極東諮問委員会をソ連を加えて「極東委員会」とすることを決定。

**昭和21年（1946）**

1月1日 昭和天皇、人間宣言をする。

1月22日 マッカーサー元帥「極東国際軍事裁判所」条例を布告。

2月15日 マッカーサー元帥、東京裁判の判事9名を任命。

3月9日 ＧＨＱ、日本による戦犯裁判の禁止を口頭で指令。

3月23日 東京裁判の法廷に当てられる東京・市ヶ谷の旧陸軍士官学校大講堂の改装工事が完成。被告席は25だった。

4月13日 梨本宮と郷古潔（元三菱重工社長）釈放される。

4月19日 米司法省が用意した弁護士25名が来日、日本人弁護団と打ち合わせ。

4月21日 マッカーサー元帥、Ａ級戦犯の起訴状にサイン。被告はビルマから木村兵太郎大将、佐藤賢了中将が連行され、さらに板垣征四郎も加えられ、25名から28名に。

4月26日 極東国際軍事裁判所条例を一部改正。

4月27日 ソ連のゴルンスキー検事、阿部信行陸軍大将、真崎甚三郎陸軍大将を被告からはずし、替わりに重光葵元外相、梅津美治郎陸軍大将を加えることを強硬に主張、この日両名の逮捕指令発せられる（29日逮捕）。

4月29日 Ａ級戦犯28被告に、スガモプリズンで起訴状が手渡される。

5月3日 午前11時20分、「極東国際軍事裁判所」開廷する。午後の法廷で、大川周明被告が東条英機被告の頭を後ろからペタンとたたく。翌日、米軍野戦病院に収容され、精神病と診断される。

5月9日　松岡洋右元外相、結核悪化のためスガモプリズンから病院に収容される。

5月17日　インド代表判事ラダ・ビノード・パル、判事団に加わる。

5月18日　早朝、広田弘毅元首相夫人、薬物自殺。

6月4日　キーナン検事の冒頭陳述行われる。

6月13日　検事側立証開始、被告たちの主要履歴の朗読始まる。

6月25日　幣原喜重郎前首相、証人として出廷、満州事変前後の政治状況を初証言。

6月27日　松岡洋右被告、東京帝大病院で死亡。

7月5日　田中隆吉陸軍少将、検事側証人として初出廷、法廷の波紋を呼ぶ。

7月6日　田中隆吉の証言続く。橋本、板垣、南、土肥原、梅津など各被告が名指しで証言される。鈴木貞一被告「田中隆吉証言。全ク売国的言動ナリ。精神状態ヲ疑ハザルヲ得ズ」と日誌に記す。

8月7日　GHQ渉外局、元満州国皇帝溥儀の東京裁判出廷（検事側証人）を発表。

8月9日　溥儀、ウラジオストクから厚木飛行場に到着。

8月16日　溥儀の証言始まる。

8月20日　溥儀のウソだらけの検事側証言が終わり、午後から弁護側の反対尋問が開始され、27日まで続く。

8月31日　A級戦犯未起訴組の伯爵有馬頼寧、元同盟通信社長古野伊之助、元農相井野碩哉、元法相塩野季彦など釈放される。

9月19日　日独伊関係の検察側立証開始（27日まで）。

11月1日　検事論告、太平洋戦争問題（英米対日本の関係）に入る。27日まで。

11月3日　日本国憲法公布される。

11月4日　独房の湿気が多く、平沼騏一郎元首相体調を崩して入院。

12月31日　南次郎被告、突如としてトレードマークのアゴヒゲを剃り落とす。

**昭和22年（１９４７）**

1月2日　法廷再開。

1月5日　海軍大将永野修身被告、急性肺炎で急死。享年66歳。

1月24日　検事側立証終了。前年の6月4日にキーナン首席検事の陳述によって始まった検事団立証は公判開廷１６９回、出廷証人延べ１０４人（実員94人）、提出書証は２２８２号に達した。

3月3日　ブレイクニー弁護人、法廷で米国の原爆使用について批判的発言をする。

3月5日　ディビッド・F・スミス弁護人の「法廷は弁護人に対し不当な干渉をしている」という発言に対し、ウエッブ裁判長は「法廷を侮辱した」と陳謝を要求、論争となる。スミス弁護人が拒否すると、判事団は同弁護人を「今後の審理から除外する」と宣言。

4月9日　ウェッブ裁判長、大川周明被告の審理除外を宣言。

4月11日　南次郎、被告証人第一号として証人台へ。

5月1日　極東国際軍事裁判所による元陸軍中将石原莞爾の出張訊問始まる。酒田商工会議所2階が臨時法廷になる。

6月20日　弁護側の立証準備と健康上の理由から6週間の休廷申請が出され、この日から8月3日までの休廷が認められる。

6月25日　ウェッブ裁判長、全検事と全弁護人を市ヶ谷法廷に集め、審理の迅速化を要請し、年内終了を申し渡した。

8月4日　法廷、再開される。判事4名欠席、傍聴席も空席が目立つ。高橋義次弁護人、太平洋戦争に関する弁護側の冒頭陳述を行う。

8月5日　ローガン弁護人とウエッブ裁判長の間に昭和天皇の戦争責

## 資料6

任について論争が起こり、ウェッブは天皇に戦争責任ありと明白な態度を見せる。

8月21日　日本海軍の戦争準備、南洋群島要塞化などに対する反証始まる。「異色の冒頭陳述」と好評。

8月26日　陸軍関係の弁護側立証始まる。「冒頭陳述というより、むしろ最終弁論だ」と酷評される。

9月1日　起訴された28名以外のA級戦犯容疑者23名の釈放が発表される。

9月5日　ウェッブ裁判長と「不当なる干渉」という言葉をめぐって3月5日以来退廷していたスミス弁護人が発言を求め、他意はなかった旨述べようとしたが、梅中国判事とウエッブの拒否にあい、正式に弁護人を辞職する。

9月10日　合計103日にわたった弁護側の一般立証が終わり、個人立証開始。荒木被告からアルファベッド順に始まる（12月31日まで）。

**昭和23年（1948）**

1月2日　法廷再開。

1月6日　東条被告、キーナンの質問に「開戦は天皇の意思ではなかった」と明確に答え、天皇の戦争責任問題に決着を与える。

1月8日　夜、マッカーサー元帥はウエッブ裁判長とキーナン検事を総司令部に招き、天皇不起訴を決定する。若槻、岡田、宇垣の3人、キーナン検事を熱海に招待（米内は病気欠席）。

2月10日　東京裁判の事実審理終了。

2月11日　キーナン検事の最終論告に続き、各国検事による論告が始められる。

3月2日　最終論告終わり、弁護側の最終弁論始まる。

3月11日　被告個人の最終弁論に入る。

4月15日　個人弁論終わり、東京裁判の審理終了。

10月29日　豊田副武海軍大将と田村浩陸軍中将に対する米軍裁判（丸の内法廷）始まる。

11月4日　東京裁判の判決文朗読始まる。

11月12日　A級戦犯25被告に判決下る。絞首刑7名、終身禁固刑16名、有期刑2名。午後4時12分、極東国際軍事裁判閉廷される。

11月22日　第一生命ビルのマッカーサー元帥の部屋に11か国の対日理事会代表が集まり、判決支持の決定をする。

11月24日　マッカーサー元帥、第八軍司令官に判決通り刑の執行を行うよう命令し、声明を発表。

11月30日　GHQ、米連邦最高裁で訴願の決着がつくまで刑の執行を延期すると発表。

12月20日　米連邦最高裁、米人弁護団による戦犯被告のための訴願を却下。

12月21日　マッカーサー元帥、2日後に死刑囚の刑執行を命令。

12月23日　午前0時1分からスガモプリズンで絞首刑判決7被告の処刑が行われる。

12月24日　GHQ、岸信介たちA級戦犯容疑者19名の釈放を発表。

## 主要参考文献


『細川日記』細川護貞（中公文庫）

『岡田啓介回顧録』岡田貞寛編（毎日新聞社・中公文庫）

『終戦史録』全6巻、外務省編纂（北洋社）

『木戸幸一日記 ㊤㊦』（東京大学出版会）

『木戸幸一関係文書』（東京大学出版会）

『終戦工作の記録 ㊤㊦』江藤淳監修、栗原健・波多野澄雄編（講談社文庫）

『永田町一番地』中村正吾（ニュース社）

『終戦外史』ロバート・J・C・ビュート。大井篤訳（時事通信社）

『東條メモ』塩原時三郎（ハンドブック社）

『昭和憲兵史』大谷敬二郎（みすず書房）

『ある情報将校の記録』塚本誠（中公文庫）

『二等兵記』松前重義（日本出版協同、東海大学出版会）

『高木惣吉日記』高木惣吉（毎日新聞社）

『高木海軍少将覚え書』高木惣吉（毎日新聞社）

『終戦覚書』高木惣吉（アテネ文庫）

『わが東條英機暗殺計画』津野田忠重（徳間書店）